HEYNE BUSINESS

Kompaktwissen

Nina Katz / Jörg Müller

SCHWARZGELD

Die Tricks der Steuerschummler

Wie sie Schwarzgeld
- verdienen und beiseite schaffen
- erben und geschenkt bekommen
- anlegen, weißwaschen und ausgeben

Wilhelm Heyne Verlag
München

HEYNE KOMPAKTWISSEN
22/392

Umwelthinweis:
Dieses Buch wurde auf chlor- und säurefreiem Papier gedruckt.

3. Auflage

Redaktion: Verlagsbüro Dr. Andreas Gößling
und Oliver Neumann GbR

Überarbeitete Taschenbuchausgabe 10/99

http://www.heyne.de
Printed in Germany 2000
Umschlaggestaltung: Nele Schütz Design, München
Technische Betreuung: M. Spinola
Satz: Datentechnik Schaber, Wels
Druck und Verarbeitung: Ebner Ulm

ISBN 3-453-15562-9

Inhalt

Vorwort
Schwarzgeld: Auch der ›kleine Mann‹ ist dran

Was ist eigentlich Schwarzgeld?

Im steuerlichen Sinne handelt es sich um Einkommen und/oder Vermögen, welches nicht in der Steuererklärung angegeben wird und wofür folglich auch keine Steuern gezahlt werden. Dies gilt für alle Steuerarten, z. B. Einkommensteuer, Umsatzsteuer, Vermögensteuer, Gewerbesteuer, Körperschaftsteuer etc. Wer Schwarzgeld bildet, hat die Absicht der Steuerhinterziehung. Deshalb ist auch die Bildung von Schwarzgeld strafbar.

Schwarzgeld – das mag manchem in erster Linie als Thema für Millionäre erscheinen. Denn die Schwarzgeldkönige und Steuerhinterzieher sorgen mit schöner Regelmäßigkeit für Schlagzeilen. Das gilt für Einzelpersonen wie z. B. Tennisvater Peter Graf, Bäderkönig Zwick oder Schloßherr Schleicher. Es gilt aber auch für Unternehmen wie z. B. Flick, wo die schwarze Kasse eine zentrale Rolle im Parteispenden-Skandal einnahm, oder für die ersten Adressen im deutschen Bankgewerbe. Mal wird bereitwillig Schwarzgeld-Verschiebern nach Luxemburg geholfen, mal unterläuft der Commerzbank ein ›kleiner‹ Fehler und es werden Rückstellungen in Millionenhöhe falsch bewertet.
Kurzum: Der Eindruck, Steuerhinterziehung habe immer etwas mit Millionenbeträgen zu tun, kommt nicht von ungefähr. Und – völlig logisch – Prozesse enden bei diesen Beträgen meistens mit hohen Geld- und langen Freiheitsstrafen. Doch die Bestrafung der kleinen Schummeleien von Normal-

verdienern fällt meist genauso folgenschwer aus, betrachtet man das Verhältnis von hinterzogenen Einkünften, Vermögen und Strafmaß. Und:
Es ist ein großer, gefährlicher Irrtum, daß die Steuereintreiber des Staates sich vor allem auf die wenigen Fälle mit den Millionensummen konzentrieren, im Gegenteil.
Der Grund dafür ist, daß die alltäglichen kleinen Steuerverkürzungen für den Staat viel größere Einnahmeausfälle bedeuten, weil die Häufigkeit da viel größer ist als bei Millionenhinterziehungen. Wenn 20 Millionen Arbeitnehmer durch gefälschte (überhöhte) Werbungskosten-Angaben jährlich je 2000 Mark an Steuern hinterziehen, so ergibt dies für die Staatskasse schon einen Jahresfehlbetrag von 40 Milliarden Mark – das sind rund zehn Prozent des Bundeshaushalts. Und das wäre dann doch ein Loch, welches der sonst bei seinen Schätzungen schon mal um ein paar Milliarden danebenliegende Bundesfinanzminister bemerken könnte.
Nun stelle man sich nur vor, daß der eine oder andere, was im Ergebnis dann aber auch wieder Millionen Steuerzahlern entspricht, noch zuwenig Zinseinkünfte versteuert, das Erbe von Tante Wanda am Finanzamt vorbei aufs eigene Konto schleust oder daß nur jeder hundertste Selbständige die Bilanzen ›frisiert‹. In der Summe der Steuerausfälle wäre der Staat dadurch deutlich härter getroffen, als wenn eine seit langem volljährige Tennisspielerin angeblich unwissend irgendwelche Papiere unterschreibt und damit die Millionenhinterziehung erst möglich macht.
Wir möchten Ihnen an dieser Stelle übrigens dringend davon abraten, das Spiel ›Wir-sind-eine-total-verblödete-Sportlerfamilie,-in-der-keiner-Ahnung-von-irgend-etwas-hat,-aber-jeder-alles-für-jeden-unterschreibt‹ auch für sich zu entdecken. Sich auf diese Weise als eigentlich Verantwortlicher aus der Affäre zu ziehen, klappt nur, wenn Sie sich entweder amtlich für schwachsinnig erklären lassen – oder für Deutschland Tennis spielen.
Daß der schon erwähnte Tennisvater nicht zum Helden und

Märtyrer aller Steuerzahler wurde, wird wohl an seinem Auftreten und den Millionensummen liegen. Denn ansonsten hätten ihn rund 80 Prozent aller Bundesbürger als Sympathiefigur und einen der ihren erkennen müssen. So viele sind's nämlich, die entweder Verständnis für kleine und auch größere Mogeleien zeigen – oder sogar selbst schon mal wissentlich falsche Angaben gegenüber dem Finanzamt gemacht haben wollen.

Wundern darf man sich darüber nicht. Vielleicht muß man es sogar als kollektive Selbsthilfe sehen. Freiweg nach dem Motto: Lieber verbraten wir zu Unrecht dem Staate abgezwacktes Geld selbst, als daß wir es durch Politiker und Beamte für irgendwelchen Blödsinn (oder für deren Selbstversorgung) ausgeben lassen. Kollektive Selbsthilfe derer, die täglich zusehen müssen, wie die Steuereinnahmen des Staates sinnlos verpraßt werden, ohne daß hier der Finanzminister dem Steuerpflichtigen wirklich Rechenschaft darüber ablegen muß und Konsequenzen für die eigene Position zu ziehen hat.

Der Bund der Steuerzahler wirft den Verantwortlichen bei Bund, Ländern und Gemeinden zu Recht vor, daß viel zuwenig gegen die massive öffentliche Verschwendung von Steuergeldern getan wird. 65 Milliarden Mark Steuergeld werden jährlich bei Fehlplanungen, Bauskandalen und für einen aufgeblähten Verwaltungs- und Politapparat vergeudet. Gleichzeitig werden Sozialleistungen und Renten gekürzt, die Abgaben und Steuern durch die Hintertür aber weiter angehoben.

Natürlich ist die kollektive Selbsthilfe der Steuersünder rechtlich bedenklich. Aber muß man nicht menschliches Verständnis für jeden Schwarzarbeiter, für jeden heimlichen Erben haben, dem als Normalverdiener fast die Hälfte seines Einkommens von Staats wegen abgenommen wird? Darf der Staat Steuerehrlichkeit des kleinen Mannes erwarten, wenn sich Daimler Benz-Chef Jürgen Schrempp damit rühmt, bis zum Jahr 2000 für sein Unternehmen keine Ertragsteuern zu

bezahlen? Darf Steuerehrlichkeit erwartet werden, wenn Milliarden für einen völlig unsinnigen Regierungsumzug von Bonn nach Berlin verpraßt werden, während die Neuverschuldung in Deutschland jede Sekunde um DM 3400,– zunimmt?
Einem denkenden Menschen muß sich geradezu der Gedanke der ›Steuerumgehung‹ aufdrängen, angesichts der oft sinnlosen Prasserei mit unseren Steuergeldern. Will der Staat mehr Steuerehrlichkeit erreichen, sollte er den Steuerpflichtigen mehr Geld in der Tasche lassen. Alle bisherigen steuerlichen Änderungen waren nur Verschiebungsaktionen. Vor allem für die Masse der Arbeitnehmer: Was auf der einen Seite gegeben wurde, wurde an anderer Stelle wieder gekürzt. Und genauso wird es mit allen Steuerreformen, an denen noch gebastelt und herumgeflickt wird.
Das folgende Buch gibt – schon weil dies verboten ist – natürlich keine Tips, wie man Schwarzeinnahmen erzielen oder für das Finanzamt verschwinden lassen kann. Aber wir zeigen Ihnen, was hinter den Kulissen des Finanzamts abläuft, d. h. wann und wie das Finanzamt prüft und so kleinen und größeren Mogeleien auf die Spur kommt.

DIE AUTOREN

Arbeitnehmer oder Selbständiger: So kommt das Finanzamt kleinen Mogeleien auf die Spur

Als Arbeitnehmer haben Sie die geringsten Möglichkeiten, etwas ›am Finanzamt vorbei‹ zu verdienen, da Sie Ihre Einnahmen nicht manipulieren können. Sie beziehen jeden Monat ein festes Gehalt, von dem bereits monatlich die Lohnsteuer eventuell zuzüglich der Kirchensteuer und auch noch der Solidaritätszuschlag einbehalten werden.

Steuersenkende Maßnahmen sind bei Arbeitnehmern hauptsächlich im Bereich der Werbungskosten möglich. Werbungskosten sind alle eng mit dem Beruf zusammenhängenden Aufwendungen, die die jeweiligen Einnahmen erhalten, sichern und steigern sollen.

Da bei sehr vielen Arbeitnehmern die Werbungskosten nicht über dem derzeit gültigen Werbungskostenpauschbetrag von jährlich 2000 Mark liegen, sind aber auch den Steuersenkungs-Möglichkeiten enge Grenzen gesetzt.

Falls Ihre Werbungskosten mehr als jährlich 2000 Mark betragen, werden die von Ihnen geltend gemachten Aufwendungen vom Finanzamt einer genauen Prüfung unterzogen. Zunächst verlangt das Finanzamt den belegmäßigen Nachweis der Aufwendungen, wobei in Einzelfällen Eigenbelege anerkannt werden, wenn Ihnen mal ein Beleg verlorengegangen ist.

Machen Sie Fahrtkosten zwischen Wohnung und Arbeitsstätte mit dem eigenen PKW geltend, so sind hier die Kilometerangaben einzutragen. Diese Angaben werden von Ihrem Finanzbeamten geprüft, wobei Umwegfahrten anerkannt werden, wenn Sie dadurch schneller zur Arbeit kommen. Sie können hier keine beliebigen Kilometerangaben

eintragen, da Sie damit rechnen müssen, daß Ihr Finanzbeamter sogar die Strecke abfährt.
Benutzen Sie für Ihre Fahrten zwischen Wohnung und Arbeitsstätte öffentliche Verkehrsmittel, so müssen Sie die Belege nicht alle aufbewahren.
Wegen der hohen Steuerbelastung versuchen viele, Aufwendungen für die private Lebensführung in den beruflichen Bereich ›zu transferieren‹.
Für den Arbeitnehmer bedeutet dies, daß private Ausgaben als Werbungskosten geltend gemacht werden, obwohl diese gar nicht beruflich veranlaßt waren. Die berufliche Veranlassung wird somit frei erfunden, und dies erfordert eine gewisse Kreativität, die allerdings mittlerweile für viele zur liebsten Sportart geworden ist. Da solche Aktivitäten jedoch strafrechtlich als Steuerhinterziehung im Sinne von § 370 der Abgabenordnung geahndet werden, sollten Sie die nachfolgenden Warnungen beachten, damit Ihnen das Finanzamt keine Steuerhinterziehung vorwirft.

Schwarzgeld-Entstehung bei Arbeitnehmern – wo und wie?

Tricks mit dem Arbeitszimmer

Für die meisten Arbeitnehmer sind die Kosten für ein häusliches Arbeitszimmer seit 1996 nicht mehr abzugsfähig, da die Arbeitszeit im häuslichen Arbeitszimmer 50 Prozent der gesamten beruflichen Arbeitszeit betragen muß. Sonst wird das Arbeitszimmer nicht anerkannt. Für wenige Arbeitnehmer ist das Arbeitszimmer noch bis 2400 Mark jährlich absetzbar, wenn kein fester Arbeitsplatz vorhanden ist, z. B. bei Lehrern, Richtern etc.
Bedenken Sie bitte, daß Kosten für ein häusliches Arbeitszimmer nur geltend gemacht werden können, wenn es sich um einen abgeschlossenen Raum handelt, in dem keinerlei

Privatgegenstände vorhanden sind. Es müssen zusätzlich für alle Haushaltszugehörigen genügend andere Räume innerhalb der Wohnung vorhanden sein.

💣 Die Finanzbeamten prüfen persönlich unangekündigt an Ort und Stelle die Existenz eines Arbeitszimmers oder verlangen Fotos.

Falls Sie also aus Platzgründen dann gar kein abgeschlossenes Büro vorweisen können, so schnappt die Steuerfalle zu.

☺ Es gibt Leute, die machen folgendes: Da die Einkommensteuererklärungen für ein Veranlagungsjahr immer erst ein Jahr später abgegeben werden, können Sie dem Finanzbeamten erzählen, das jetzige private Zimmer (Kinderzimmer) wäre erst Anfang des Jahres umfunktioniert worden.

Tricks mit Aushilfslöhnen

Hier sind die Finanzbeamten besonders kritisch, wenn es um Beschäftigungsverhältnisse zwischen Angehörigen geht. Dies um so mehr, wenn die Vergütungen nicht durch Kontoüberweisung, sondern in bar erfolgen. Zwischen Angehörigen ist die Barlohnauszahlung jedoch nicht unüblich, so daß das Beschäftigungsverhältnis auch dann anerkannt werden muß.

☺ Legen Sie dem Finanzamt ordnungsgemäße Aushilfslohnquittungen oder einen Arbeitsvertrag wie unter fremden Dritten vor, so muß das Finanzamt das Beschäftigungsverhältnis akzeptieren.

Falls Sie ein Scheinarbeitsverhältnis steuerlich geltend machen, beachten Sie neben den steuerlichen Voraussetzungen auch folgendes:

- Bei Arbeitsverhältnissen zwischen Ehegatten muß die Tätigkeit genau definiert werden, der Arbeitsumfang muß glaubwürdig sein, es müssen auch urlaubsbedingte Fehlzeiten enthalten sein.
- Bei vorgetäuschten Arbeitsverhältnissen mit Fremden muß sichergestellt sein, daß der Beschäftigte nicht aufgrund sonstiger Beschäftigungsverhältnisse gar nicht in der Lage sein kann, weitere Tätigkeiten aufzunehmen.
- Beim Arbeitgeber müssen die (vermeintlichen) Aushilfslöhne entnommen werden, d. h. vom Konto des Arbeitgebers abfließen.

Auf die Schliche kommt das Finanzamt den Scheinarbeitsverhältnissen meistens dann, wenn die Tätigkeit des Arbeitgebers gar keine Gelegenheit für die Beschäftigung von Mitarbeitern zuläßt.

Mogeleien mit Aushilfsquittungen sind wegen der Neuregelungen für geringfügig Beschäftigte (630 DM-Jobs) ohnehin kaum mehr möglich. Die Beschäftigung erfolgt nur noch steuerfrei, wenn dem Arbeitgeber eine Freistellungsbescheinigung des Wohnsitzfinanzamtes des Beschäftigten vorgelegt wird. Insofern erfährt das Finanzamt bereits von den Einkünften des Beschäftigten und vom Betriebsausgaben- bzw. Werbungskostenabzug des Arbeitgebers.

Unvollständige, verspätete, unkorrekte oder unterbliebene Meldungen des Arbeitgebers an die Krankenkassen werden jetzt mit Bußgeldern bis zu 10 000 DM belegt!

Die Kontrollen wurden auch dahingehend verstärkt, daß nach §§ 28 a ff des Sozialgesetzbuches (SGB) die geringfügigen Beschäftigungsverhältnisse in das allgemeine Meldeverfahren einbezogen wurden. Das bedeutet, daß der Kranken-

kasse des Beschäftigten sämtliche Änderungen des Arbeitsentgeltes gemeldet werden müssen. Hinzu kommt noch, daß Krankenkassen und Rentenversicherungsträger seit April 1999 (nach § 28 h Abs. 6 SGB IV) dazu verpflichtet sind, den Finanzämtern der Beschäftigten und der Arbeitgeber alle Arten von Unkorrektheiten im Rahmen der Sozialversicherungspflicht zu melden.
Dem schwunghaften »Handel« mit Aushilfsquittungen wurde also durch die neuen Abgaben-, Melde- und Steuerpflichten ein dicker Riegel vorgeschoben.

Ein bei einer Versicherungsgesellschaft angestellter Sachbearbeiter kann z. B. seine Ehefrau nicht als Aushilfskraft für DM 630 monatlich beschäftigen, die für ihn den Postgang erledigt und evtl. Telefonate annimmt, da diese erfahrungsgemäß nur in seiner Betriebsstätte erfolgen.

Tricks mit Bewirtungen

Bewirten Sie als Arbeitnehmer Geschäftsfreunde Ihres Chefs in einem Restaurant auf eigene Rechnung ohne Erstattung des Arbeitgebers, so sind die Aufwendungen zu 80 % als Werbungskosten abzugsfähig.

☺ Es gibt Leute, die feiern mit ihrer Ehefrau den Hochzeitstag in einem Gourmettempel und legen die entsprechende Rechnung dem Finanzamt als Werbungskosten vor. Das kann klappen – wenn die Rechnung nicht ihr Hochzeitsdatum trägt.

Gleiches gilt auch für eigene Geburtstage und die der Ehefrau und der Kinder. Es ist unglaubwürdig, wenn gerade am 50. Geburtstag oder zum Datum der Silberhochzeit mehrere Geschäftsfreunde aus geschäftlichem Anlaß in einem Restaurant bewirtet werden.

💣 Es ist natürlich verboten, den Restaurantchef um eine maschinell erstellte Rechnung vom Tag davor zu bitten. Natürlich liegen solche Rechnungen manchmal herum. Weil es Leute gibt, die solche Rechnungen mitnehmen, um sie ›absetzen‹ zu können.

Geplant ist, daß Bewirtungsaufwendungen künftig gar nicht mehr als Betriebsausgaben oder Werbungskosten abzugsfähig sein sollen. Damit entfallen auch alle hiermit bisher möglichen mißbräuchlichen Gestaltungen.

Tricks mit Computern

In vielen Berufen ist die EDV unverzichtbar geworden, so daß sich viele Arbeitnehmer für die Fortbildung nach Dienstschluß einen PC mit Software und Drucker angeschafft haben.

☺ Wenn Sie dem Finanzamt eine plausible Erklärung für die berufliche Notwendigkeit der PC-Anschaffung liefern können, am besten sogar eine Bestätigung des Chefs, so sind die Kosten über mehrere Jahre absetzbar.

Falls Sie dem Finanzamt nur Belege für die Hardware, nicht jedoch für die Software einreichen, so könnte dies darauf hinweisen, daß Ihr PC nur für Spielprogramme eingesetzt wird. Achten Sie also darauf, Rechnungen über entsprechende Software einzureichen, selbstverständlich nur für die von Ihnen erworbenen Programme.

💣 Es gibt Menschen, die kopieren nur Briefköpfe entsprechender Anbieter, stellen sich damit dann eine gefälschte Rechnung selbst aus. Das ist riskant, weil das Finanzamt vielleicht Fotos der Computeranlage sehen möchte.

Tricks mit Fachliteratur

In den steuerlich etwas lockeren Jahren vor der wundersamen Wiedervereinigung Deutschlands war es Usus, jedes Kochbuch und den ›Playboy‹ als Fachliteratur bei den Werbungskosten geltend zu machen. Nun aber müssen seit einigen Jahren Autor und Titel auf der Quittung vermerkt sein. Die bloße Bezeichnung ›Fachliteratur‹ reicht den gewissenhaften Finanzbeamten nicht aus. Deshalb sind die Möglichkeiten, private Aufwendungen in berufliche zu transformieren, noch enger geworden.
Die Buchhändler sind ängstlich geworden, sie müssen bei jedem Kunden, der um eine Fachliteratur-Quittung bittet, sofort einen Mitarbeiter der Finanzverwaltung wittern. Er könnte die Bereitschaft der Buchhandlungen testen wollen, falsche Quittungen auszustellen.

> 💣 Nun dürfte es zwar noch genug Kioskbetreiber geben, die Ihnen Monatsrechnungen über Computerzeitschriften ausstellen, obwohl Sie ausschließlich Fernsehzeitungen oder Zigaretten gekauft haben. Und das ahnungslose Finanzamt müßte die Quittungen auch akzeptieren, vorausgesetzt, Sie arbeiten beruflich mit Computern. Das Beispiel läßt sich aber auch auf alle anderen Berufe übertragen (z. B. bei Reitlehrern Reitzeitschriften etc.). Aber: Es handelt sich bei diesen Handlungen um Steuerhinterziehung – und die ist nun mal strafbar.

Tricks mit Geschenken

Auch Arbeitnehmer können Geschenke an Geschäftsfreunde ihres Arbeitgebers als Werbungskosten absetzen, nicht jedoch an Kollegen. Diese minimale Steuerstrategie betrifft jedoch nur Angestellte im Außendienst, Versicherungsvertreter oder leitende Angestellte. Die steuerliche Geltendmachung von Geschenken an die Ehefrau oder Freundin als Werbungskosten ist natürlich sehr beliebt.

☺ Wenn Sie die Formvorschriften beachten, daß pro Empfänger und Jahr nur Geschenke im Wert von maximal 75 Mark gemacht werden können und der Empfänger auf der Quittung namentlich genannt werden muß, so kann eigentlich nichts schiefgehen.

Sie müssen jedoch damit rechnen, daß Sie über den Empfänger evtl. nähere Angaben machen müssen, z. B. ob es sich um einen Kunden Ihres Chefs handelt.

💣 Ihre ›Geschenke‹ an Geschäftsfreunde sollten aber niemals auf das Geburtsdatum Ihrer Ehefrau oder das gemeinsame Hochzeitsdatum ausgestellt sein, dann liegt für den Finanzbeamten die private Veranlassung auf der Hand. Gleiches gilt für Geburtsdaten Ihrer Kinder.

Tricks mit sonstigen Werbungskosten

Lang ist die Liste der Tricks, die zwar immer wieder (auch mit Erfolg) praktiziert werden, die aber allesamt verboten sind. Was wird getan, wie wird gemogelt?

- Mitarbeiter im Außendienst ›verlängern‹ ihre Abwesenheitszeiten, nur um höhere Spesen absetzen zu können.
- Dienstreisen (z. B. zu Zweigstellen, Messen, Kollegen wegen Arbeitsbesprechungen oder Fortbildungen) werden frei erfunden, nur um die Kilometerpauschalen und die Verpflegungsmehraufwendungen absetzen zu können.
- Ausgaben werden als Werbungskosten angegeben, obwohl dafür selbst keine Aufwendungen entstanden sind. Dies wäre z. B. dann der Fall, wenn Sie Quittungen von einem Bekannten steuerlich geltend machen, weil dieser sie nicht verwenden kann.
- Gefälschte Rechnungen schreiben sich manche Leute selbst aus, die unbefugterweise in den Besitz von Blankorechnungen gekommen sind.

> Kommen bei Werbungskosten andere Personen mit ins Spiel, so sollten diese darüber informiert werden. Nur so ist gewährleistet, daß bei einer evtl. Befragung in einem späteren Einspruchs- oder Klageverfahren die Angelegenheit wasserdicht bleibt.

Beispiel:

Sie besuchen die Meisterschule und möchten Aufwendungen für eine Lerngemeinschaft geltend machen. Da diese in einer anderen Stadt stattgefunden hat, setzen Sie hohe Kilometerpauschalen und auch Verpflegungsmehraufwendungen ab. Weil Sie es mit der angeblichen Häufigkeit dieser Lerntreffen übertrieben haben, versagt das Finanzamt zunächst den steuerlichen Abzug.
Sie erheben dann gegen den Einkommensteuerbescheid Einspruch und das Finanzamt setzt einen Ortstermin fest zur Befragung der anderen Lernbeteiligten. Wenn diese dann gegenteilige oder widersprüchliche Aussagen machen, kippt Ihr Steuermodell gänzlich nach hinten, und Sie müssen dann auch mit strafrechtlichen Konsequenzen rechnen.

> Resümierend ist festzuhalten, daß Arbeitnehmer gegenüber den gewerblich oder selbständig Tätigen stark benachteiligt sind im Hinblick auf steuersparende Gestaltungen, seien sie nun legal oder illegal.

Dies liegt daran, daß ein Selbständiger meistens viel mehr Kostenarten als Betriebsausgaben absetzen kann, die den Gewinn mindern. Hinzu kommt noch die Möglichkeit der Selbständigen, Umsätze oder Gewinne ins Ausland zu transferieren. Ein Angestellter dagegen kann kaum sein Gehalt auf ein Auslandskonto überweisen lassen, da würde kein Arbeitgeber mitspielen.
Da der Finanzverwaltung die weitaus größeren Manipulationsmöglichkeiten der Selbständigen bekannt sind, bekom-

men diese aber im Falle eines ernsthaften Verdachts der Steuerhinterziehung auch schneller die Anzeige vom Staatsanwalt mit evtl. Hausdurchsuchung etc.

☺ Fallen dem Finanzamt dagegen bei einem Arbeitnehmer kleine Mogeleien beim Abzug von Werbungskosten auf, die eigentlich Kosten der privaten Lebensführung sind, so wird der steuerliche Abzug dieser Aufwendungen einfach seitens des Finanzamtes aberkannt – meist ohne strafrechtliche Konsequenzen.

Wenn Vermieter heimlich Geld kassieren: So entdeckt das Finanzamt Ihre Schwarzgeldkasse

Natürlich kann es vorkommen, daß man einfach vergißt, seine Mieteinnahmen anzugeben. Aber das ist bereits ein Verstoß gegen die Steuergesetze. Denn Mieteinkünfte sind immer steuerpflichtig. Eine Ausnahme gibt es, wenn Teile einer selbstgenutzten Wohnung oder eines selbstgenutzten Hauses nur vorübergehend vermietet werden. Hier sind die Mieteinnahmen bis jährlich 1000 DM steuerfrei.

💣 Es kann Jahre dauern, bis verschwiegene Vermietungseinkünfte ans Tageslicht kommen. Dann aber müssen Sie damit rechnen, evtl. für zehn zurückliegende Jahre Steuern nachzahlen zu müssen.

Das Finanzamt erfährt von hinterzogenen Vermietungseinkünften meistens durch

- Anzeigen von neidischen Nachbarn, Kollegen, verlassenen Lebens- oder Liebespartnern,
- Kontrollmitteilungen von anderen Finanzämtern.

Letztere tauchen häufig dann auf, wenn Sie ganz oder teilweise gewerblich vermieten. Es kann aber auch ein reines Wohnraum-Mietverhältnis sein, was Ihnen da zum Verhängnis wird. Denn es genügt schon, wenn einer der Räume als Arbeitszimmer oder als Lagerraum steuerlich geltend gemacht wird. Ihr Mieter setzt die an Sie gezahlte Miete als Betriebsausgaben oder Werbungskosten in seiner Steuererklärung ab. Wenn Ihr Mieter dann die entsprechenden Belege dem Finanzamt einreicht oder eine Betriebsprüfung bekommt, schreibt sich der Prüfer die entsprechenden Daten auf und kontrolliert, ob Sie die Mieten ordnungsgemäß versteuert haben.

> 💣 Sind Sie als Vermieter selbständig oder gewerblich tätig, so müssen Sie außerdem mit Groß-Betriebsprüfungen rechnen, die immer einen Zeitraum von 3 Jahren erfassen, es werden auch die Besteuerungsgrundlagen für die Einkommensteuer geprüft. Wenn der Prüfer dann nicht angegebene monatliche Mietzahlungen auf Ihren Konten entdeckt, sitzen Sie in der Steuerfalle.

Bau oder Kauf einer Immobilie mit Schwarzgeld

Haben Sie eine zur Vermietung bestimmte Immobilie aus Schwarzgeld erworben oder errichtet, so sitzen Sie doppelt in der Tinte, denn es gilt grundsätzlich:

> 💣 Niemals darf aus unversteuertem Geld Vermögen geschaffen werden, aus dem Sie Einkünfte beziehen, die Sie versteuern müssen.

Gleiches gilt für den Erwerb von Vermögenswerten oder Beteiligungen, durch die Sie hohe Steuervorteile erhalten und die Sie allein deshalb schon freiwillig in Ihrer Steuererklärung angeben (z. B. Immobilienfonds in den neuen Bundesländern, jedoch auch eigengenutzte Immobilien). Sie müssen Ihrem Finanzamt bei Immobilienkäufen immer die Finanzierung nachweisen, da geprüft werden soll, ob mit Schwarzgeld gebaut oder erworben wurde.

Die Grunderwerbsteuerstelle informiert bei Immobilienkäufen immer das Wohnsitzfinanzamt des Käufers, insofern bleiben Immobiliengeschäfte in Deutschland nicht verborgen.

Steuerumgehung durch Vermietung an Angehörige

Vermieten Sie an Fremde, sollten Sie vorsichtig sein und keine Mieteinnahmen ›vergessen‹. Dies gilt natürlich auch für Garagenmieten etc. Falls Sie mit fremden Mietern abenteuerliche Barzahlungen vereinbaren, die evtl. über der im Mietvertrag vereinbarten Summe liegen, so liefern Sie sich in gewisser Weise aus. Kommt es zum Streit mit den Mietern, ist eine Anzeige beim Finanzamt nicht selten!

☺ Bei der Vermietung an Angehörige soll es schon einige abenteuerliche Deals gegeben haben, da hier am wenigsten mit Anzeigen beim Finanzamt zu rechnen ist. Sie dürfen Ihre Immobilie an Angehörige zu 50 % unter der ortsüblichen Marktmiete vermieten, ohne daß Ihnen der Werbungskostenabzug gestrichen wird. Das hat zur Folge, daß Sie nur 50 % der marktüblichen Mieteinnahmen versteuern müssen, jedoch steuerlich alle Ausgaben im Zusammenhang mit der Immobilie geltend machen können (vollentgeltliche Vermietung).

Ein häufig angewandter Trick: Manche Vermieter wollen auf die restlichen 50 % der Miete nicht verzichten und lassen sich diese von ihren Angehörigen in bar auszahlen. Im Mietvertrag, den das Finanzamt vorgelegt bekommt, steht jedoch die verkürzte Miete.

> 💣 Denkbare wäre auch, daß Sie an Ihre Kinder zu 50 % der ortsüblichen Marktmiete vermieten und die Kinder vermieten zur ortsüblichen Miete weiter. Da die Kinder meist einen geringeren Einkommensteuersatz haben als ihre Eltern, fallen so geringere Steuern an. Diese Gestaltung aber fällt unter den Mißbrauch von Gestaltungsmöglichkeiten bzw. den Steuerumgehungsparagraphen § 42 AO, ist also nicht zulässig.

Vorsicht bei hohen Ausgaben für Instandhaltungsarbeiten!

Falls Sie die Reparatur- oder Umbaukosten als Werbungskosten in der Anlage V Ihrer Steuererklärung steuersparend einsetzen wollen, müssen Sie prüfen, ob Sie die Herkunft des Geldes für die Bezahlung der Kosten unproblematisch deklarieren können.

> 💣 Auch hier kann es wieder vorkommen, daß die Finanzverwaltung den Einsatz von Schwarzgeld vermutet und Rechenschaft von Ihnen verlangt.

Wenn Sie zusätzlich zu Ihrem Gehalt noch hohe Mieteinnahmen haben, so ist es einsehbar, daß Sie davon auch z. B. die neue Dacheindeckung von DM 50 000,– sofort bezahlen können. Falls Sie außer den Mieteinkünften kein Einkommen beziehen, so wird Sie das Finanzamt ansonsten fragen, wovon Sie gelebt haben.

☺ Falls Sie hohe Instandhaltungsmaßnahmen durch Kreditaufnahme fremdfinanziert haben, so können Sie nicht nur die Zinsen als Werbungskosten oder Betriebsausgaben abziehen, sondern haben auch die Geldquelle für die Reparaturen erklärt. Dabei ist es unerheblich, ob Sie sich das Geld bei der Bank oder privat geborgt haben.

Sollten Sie ein privates Darlehen (z. B. innerhalb der Familie) aufgenommen haben, müssen Sie darauf achten, daß der private Gläubiger selbst Einkommen oder Vermögen gegenüber dem Finanzamt angegeben hat, aus dem er Ihnen Geld leihen konnte.

☺ Falls Sie die größeren Instandhaltungsmaßnahmen ›ohne Rechnung‹ durchgeführt haben, so können Sie immer noch die Materialrechnungen in der Steuererklärung geltend machen.

Auslandsimmobilien – nicht nur ein Thema für Millionäre

Falls Sie Immobilien im Ausland besitzen und vermieten, das kann auch ein winziges Appartement im sonnigen Süden sein, ist höchste Vorsicht geboten!
Sind Sie in Deutschland unbeschränkt steuerpflichtig, müssen Sie das jeweilige Doppelbesteuerungsabkommen beachten. Existiert zwischen den beiden Ländern ein solches Abkommen, so sind die Einkünfte entweder in Deutschland steuerpflichtig oder steuerfrei, wenn dafür bereits im Ausland Abgaben gezahlt wurden. Wobei im letzteren Fall die Einkünfte Einfluß auf den Steuersatz in Deutschland haben (Progressionsvorbehalt).
Existiert kein Doppelbesteuerungsabkommen, so sind die Einkünfte in Deutschland steuerpflichtig. Auf diese Einkünfte evtl. anfallende ausländische Steuern werden dann

auf die deutsche Einkommensteuer angerechnet. Möglich ist aber auch, daß die im Ausland gezahlten Steuern vom Gesamtbetrag der Einkünfte im Inland abgezogen werden können.
Oft wird angenommen, das Finanzamt könne von ausländischen Mieteinkünften gar keinen Wind bekommen. Aber das ist ein tückischer Irrtum.

- Es gibt Finanzbeamte, die sich auf das Aufspüren von Auslandsvermietungen spezialisiert haben. Geprüft werden hier z. B. Zeitungsinserate aller Art, wobei sich Finanzbeamte auch als Mietinteressenten ausgeben.

- Falls Sie über einen gewerblichen Zwischenanmieter vermieten, z. B. ein Reisebüro oder einen -veranstalter, so setzt dieser die an Sie gezahlte Miete als Betriebsausgaben ab oder versteuert die von Ihnen erhaltene Mietprovision. Wird diese Firma bei einer Betriebsprüfung ›durchleuchtet‹, so werden diese Zahlen transparent, und Sie müssen mit Kontrollmitteilungen rechnen.

- Falls Ihre eigenen Kontoauszüge mit Mietzahlungen für Häuschen oder Wohnung im Süden durch Unachtsamkeit, böse Menschen oder eigene Betriebsprüfung in die Hände des Finanzbeamten gelangen, geraten Sie leicht in Erklärungsnotstand.

Bekommen Sie aufgrund Ihrer Zeitungsinserate eine Anfrage des Finanzamtes, so geben Sie Mieteinnahmen an, die Ihre Schmerzgrenze unterschreiten. Wenn Sie im Gegenzug eine Quittung Ihres ausländischen ›Hausverwalters‹ etc. vorlegen und zusätzlich andere Kosten nachweisen können, so bleibt vielleicht nur noch ein Verlust aus der Vermietung Ihrer Auslandsimmobilie, und die Sache ist vom Tisch.

☺ Die meisten Besitzer von Immobilien im Ausland vereinbaren Mietzahlungen als Barzahlungen, die oft nicht einmal quittiert oder vertraglich fixiert werden und dann nirgendwo mehr erscheinen.

Auch Rentner können dem Finanzamt auffallen

Falls Sie als Rentner steuerpflichtig sind und ›vergessen‹, Ihre staatliche Altersrente anzugeben, so können Sie lange Zeit Ruhe haben. Auffliegen können Sie allerdings durch

- Anzeigen von Bekannten, denen Sie von Ihrer Nichtversteuerung der Rente erzählt haben,
- einen irrtümlich zu Ihren übrigen Einkommensteuerunterlagen dem Finanzamt mitgeschickten Kontoauszug, aus dem eine Rentenzahlung hervorgeht,
- den Erwerb einer Immobilie, deren Finanzierung Sie dem Finanzamt darlegen müssen,
- den Erhalt einer privaten Rente, z. B. für einen Immobilienverkauf, die beim Rentenzahler Sonderausgaben, Werbungskosten oder Betriebsausgaben darstellt – dann kann die Schummelei durch eine Kontrollmitteilung auffallen.

💣 Bei Rentnern gibt es häufig Hinterziehungen von Kapitalvermögen, was auch angesichts der zahlreichen Steuerfahndungen bei deutschen Großbanken und deren ausländischen Tochterfilialen ein heikles Unterfangen ist.

Die Tricks der Selbständigen, Einnahmen spurlos verschwinden zu lassen

Sind Sie gewerblich oder freiberuflich selbständig tätig, so haben Sie das Glück, nicht jedes Jahr vom Finanzamt in die Mangel genommen zu werden. Sie reichen dem Finanzamt zusammen mit Ihrer Einkommensteuererklärung jährlich eine Gewinnermittlung ein, nicht jedoch die dazugehörigen Belege, die Grundlage für Ihre Finanzbuchhaltung sind.

Da die jährliche komplette Belegprüfung aller Selbständigen (man denke nur an die Vielzahl der großen Firmen) die Kapazitäten der Finanzämter sprengen würde, werden Selbständige mehr oder weniger regelmäßig im Rahmen einer Betriebsprüfung (Außenprüfung) geprüft. Hier sind dann sämtliche Belege und Unterlagen zur Finanzbuchhaltung dem Prüfer vorzulegen.

Hier handeln die Finanzbehörden oft nach dem Zufallsprinzip, was die Häufigkeit der Betriebsprüfungen für die jeweilige Firma betrifft. Und deshalb wohl handeln viele Steuerpflichtige nach dem Motto: Vielleicht habe ich wieder Glück und werde von einer Prüfung verschont! So entstehen vermutlich Schummeleien, denn sonst ließen sich die drastischen Mehreinnahmen der letzten Jahre für den Fiskus durch Betriebsprüfungen nicht erklären.

Geschummelt wird einmal auf der Einnahmenseite durch Weglassen steuerpflichtiger Umsätze sowie auf der Ausgabenseite durch manipulierte Rechnungen oder unzulässigen Betriebsausgabenabzug von privaten Lebenshaltungskosten. Beide Handlungen führen zu einer buchmäßigen Gewinnreduzierung und somit zur Minderung der Besteuerungsgrundlagen, was weniger Steuerzahlung für den Unternehmer bedeutet!

Blitzübersicht Betriebsprüfung

Dem Betriebsprüfer können im Rahmen einer Außenprüfung folgende Sachverhalte auffallen, die er an die Bußgeld- und Strafsachenstelle weiterleiten muß, wenn sie strafrechtliche Bedeutung haben:

- Steuerpflichtige Einnahmen wurden nicht gebucht,
- Inventuren wurden gefälscht,
- Preisabschläge wurden in unzulässiger Höhe vorgenommen,
- Rückstellungen sind unzutreffend, zu hoch oder unbegründet,
- private Lebenshaltungskosten wurden in den betrieblichen Bereich überführt, was zum unrechtmäßigen Betriebsausgabenabzug führte,
- Rechnungen wurden fingiert und führten somit zum unrechtmäßigen Betriebsausgabenabzug bzw. Vorsteuerabzug,
- Verträge zwischen Angehörigen wurden fingiert, die einem Fremdvergleich nicht standhalten und die tatsächlich nicht durchgeführt wurden,
- das Verhältnis von Betriebsausgaben zu -einnahmen stimmt nicht.

Wie wird Schwarzgeld entdeckt? Das Arbeitsprinzip der Betriebsprüfer

Der Betriebsprüfer setzt vor Prüfungsbeginn bestimmte Schwerpunkte, die ihm die Prüfung erleichtern. Während der Prüfung sammelt er fleißig Informationen über Sie. Von ihm erfahren Sie allerdings nichts, schon gar nichts z. B. über finanzamtsinterne Prüfungsanweisungen.

> ☺ Vor Prüfungsbeginn sollten Sie zusammen mit Ihrem Steuerberater Ihre eigene Firma mit den Augen des Prüfers untersuchen, um Schwachstellen aufzudecken und sogar gegebenenfalls vor Auftauchen des Prüfers strafbefreiende Selbstanzeige stellen.

Bewahren Sie firmeninterne Unterlagen getrennt von den allgemeinen Unterlagen auf. Die firmeninternen Unterlagen sollten Sie weder im Betrieb noch zu Hause lagern. Viele schließen aus verschleierungstechnischen Gründen manchmal sogar mehrere Verträge, um bestimmte, steuersenkende Gestaltungen geheimzuhalten, die gesetzlich nicht einwandfrei sind.

Was beim internen Betriebsvergleich geprüft wird

Vor Prüfungsbeginn bereitet sich der Prüfer auf den jeweiligen Betrieb vor und führt einen internen Betriebsvergleich durch, wobei die Bilanzansätze der drei letzten zu prüfenden Jahre verglichen werden. Hierbei richtet sich das Augenmerk auf auffällige Zahlenunterschiede bei den betreffenden Positionen. Der Steuerpflichtige sollte für größere Abweichungen plausible Erklärungen parat haben, sonst sieht es ›schwarz‹ aus für ihn.

Beispiel:

Kassenbestand 1996	DM	10 000,–	Gewinn	50 000,–
Kassenbestand 1997	DM	8 000,–	Verlust	10 000,–
Kassenbestand 1998	DM	50 000,–	Verlust	15 000,–

Falls der Steuerpflichtige hier nicht die Erhöhung des Kassenbestandes durch Fremdfinanzierungen bzw. Darlehen oder Privateinlagen aus anderen Einkunftsarten (Vermietung und Verpachtung, Kapitalvermögen) nachweisen kann, vermutet der Prüfer Einlagen von Schwarzgeldern. Im günstigsten Fall schätzt er Einnahmen hinzu, meistens erfolgt eine Mitteilung an die Straf- und Bußgeldsachenstelle.

Was beim externen Betriebsvergleich geprüft wird

Zusätzlich zum internen Betriebsvergleich prüft der Mann vom Finanzamt die betrieblichen Kennzahlen des jeweiligen Unternehmens anhand seiner amtlichen Richtsätze. Letztere stellen betriebliche Kennzahlen von Durchschnittsbetrieben gleicher Branchen dar. Diese Werte gewinnt das Finanzamt aus früheren Außenprüfungen. Es handelt sich dabei also um branchentypische Vergleichswerte.

Die wichtigsten Verprobungsmethoden

Alle Betriebsprüfer arbeiten mit finanzamtsinternen Prüfungsrastern, sogenannten Verprobungsmethoden, mit denen hinterzogene Einnahmen oder Steuerverkürzungen durch aufgeblähte, unechte Betriebsausgaben schnell entdeckt werden können. Dahinter verbergen sich verschiedene Möglichkeiten, Ihre Finanzbuchhaltung und das Betriebsergebnis auf Richtigkeit zu überprüfen.

➻ Hierzu zählt z. B. die **Geldverkehrsrechnung**, bei der die Finanzierung der betrieblichen Investitionen und der laufenden Betriebsausgaben überprüft werden.

<u>Beispiel:</u>

Sie haben eine teure Computeranlage angeschafft, können jedoch die Mittelherkunft nicht nachweisen, weder durch Betriebseinnahmen, betriebliches Bankguthaben noch durch Fremdfinanzierung. Der Prüfer vermutet dann Hinterziehung von Betriebseinnahmen.

➻ Bei der sog. **Vorsteuerverprobung** werden die Betriebsausgaben mit der Höhe der geltend gemachten Vorsteuerbeträge überprüft. Hierbei werden auch mehrwertsteuerfreie Positionen berücksichtigt.

Beispiel:

Betriebsausgaben (MWSt-Satz 16 %)	DM 30 000,–
geltend gemachte Vorsteuer	DM 6 500,–

Hier wurden mehr Vorsteuern abgesetzt als die Betriebsausgaben hergeben. Vermutlich, um die Betriebsausgaben zu erhöhen und ein Guthaben bei der Umsatzsteuererklärung bzw. den Umsatzsteuer-Voranmeldungen zu erreichen. Der Prüfer vermutet dann, daß nachträglich Betriebsausgaben aus der Buchhaltung gestrichen wurden, damit das Verhältnis Betriebseinnahmen/Betriebsausgaben wieder stimmt.

➻ Bei der Prüfung von **Kassenfehlbeträgen** wird untersucht, ob mehr Geld aus der Kasse entnommen wurde, als tatsächlich vorhanden war. Bei Kassenfehlbeträgen schätzt der Prüfer in jedem Fall nach folgender Formel hinzu:

Hinzuschätzung = durchschnittlicher Kassenfehlbetrag x 2,5

Kassenfehlbeträge können Sie durch Privateinlagen ausgleichen, deren Herkunft wird jedoch ebenfalls geprüft. Können Sie diese nicht durch Darlehen oder andere Einkunftsarten oder Vermögen (Bankguthaben, welches immer versteuert wurde) nachweisen, kann die Angelegenheit strafrechtliche Relevanz bekommen, da Schwarzgeld vermutet wird.

➻ Die bei **Richtsatzverprobungen** gewonnenen betriebswirtschaftlichen Kennzahlen stellen Erfahrungswerte der Betriebsprüfer dar, mit deren Hilfe der Prüfer schnell die Plausibilität des vorliegenden Zahlenmaterials bzw. des Betriebsergebnisses überprüfen kann. Können die Abweichungen nicht begründet werden, erfolgen Hinzuschätzungen und/oder Mitteilungen an die Bußgeld- und Strafsachenstelle.

- Der Betriebsprüfer geht davon aus, daß bei einem ›Umsatz x‹ ein ›Gewinn y‹ herauskommt, wobei in investitionsstarken Jahren eine Gewinnabweichung plausibel begründet werden kann.
- Weiter erkennen die Prüfer am Wareneinkauf, wieviel Umsatz und Gewinn tatsächlich erzielt werden konnten.

Beispiel Gastronomie:

Aufgrund der Wareneinkaufsmenge beim Zucker kann der Prüfer hochrechnen, wieviel Kaffee oder Espresso verkauft worden sein müßte. Aufgrund der bestehenden Richtsätze für die Gewinnaufschläge kann er dann weiter den Gewinn hochrechnen. Gleiches gilt für die eingekaufte Serviettenmenge, auch hier können die Speisenumsätze sowie die Gewinne hochgerechnet werden.

> ☺ Viele Gastronomen sind daher dazu übergegangen, Wareneinkäufe schwarz zu tätigen und nicht über die Bücher laufen zu lassen, jedoch müssen auch dann die Richtsätze eingehalten werden, damit wieder das Verhältnis Wareneinkauf-Umsatz-Gewinn stimmt.

Beispiel Friseursalon:

Aufgrund der eingekauften Menge Dauerwellenpapier rechnet der Prüfer den Dauerwellenumsatz und somit auch den Gewinn hierfür hoch.

> ☺ Für diese beiden und viele andere Beispiele gilt: Abweichungen zu den Richtsätzen werden ohne Hinzuschätzung akzeptiert, wenn sie plausibel begründet werden können.

Prüfen Sie, ob Ihre Zahlen mit Richtsätzen der Betriebsprüfer übereinstimmen

Sie können anhand der nachfolgenden Tabellen selbst feststellen, ob bei Ihnen alles im Lot ist und Sie dem Prüfer keinen Anhaltspunkt für Hinzuschätzungen geben!
Wichtig: Die Richtsätze werden von der jeweiligen Oberfinanzdirektion festgelegt und sind eingeteilt in die Gruppen Süd, West und Nord-West. Außerdem richten sich die Sätze auch nach den Umsatzgrößen des jeweiligen Betriebes. Es handelt sich außerdem nur um Durchschnittssätze, die amtlichen Richtsätze lassen Abweichungen nach oben und unten von ca. 20 % zu.

Übersicht für den Einzelhandel, Handelsspanne und Gewinn

Die Handelsspanne nennt die durchschnittliche Differenz zwischen regulärem Einkaufs- und Verkaufspreis.
Beispiel: Bei Backwaren soll mit eingekaufter Ware von 10 DM (x 203 %) ein Umsatz von 20,30 DM erzielt werden.
Bei einem Umsatz von 100 DM (zweite Spalte) sollen dem Backwarenverkäufer dann als Reingewinn vor Einkommensteuern durchschnittlich 17 DM bleiben.

Gewerbeklassen	**Handelsspanne** Rohgewinnaufschlag auf den Wareneinsatz in %	**Reingewinn** Spanne je 100 DM Umsatz, **Durchschnitt**
Backwaren, Konditoreiwaren Jahresumsatz bis 500 000 DM	138–285 **203**	13–28 DM **20 DM**
Blumen, Pflanzen (Einzelhandel)	59–113 **85**	7–22 DM **14 DM**
Buchhandel (Einzelhandel)	30–52 **41**	5–14 DM **9 DM**
Büroartikel, Schreibwaren	30–72 **47**	5–18 DM **11 DM**

Gewerbeklassen	Handelsspanne	Reingewinn
Cafés (wirtschaftlicher Umsatz über 400 000 DM)	186–376 **257**	5–23 DM **13 DM**
Drogerien	39–79 **56**	5–18 DM **11 DM**
Eisdielen	257–426 **335**	11–32 DM **21 DM**
Elektrotechnische Erzeugnisse u. Leuchten, Einzelhandel (mit Reparatur- u. Installationsarb.)	43–150 **75**	5–24 DM **13 DM**
Fahrräder, Mopeds, Ersatzteile (einschl. Reparaturen)	28–61 **45**	7–21 DM **13 DM**
Farben, Tapeten, Fußboden (Einzelhandel über 200 000 DM Jahresumsatz)	46–96 **67**	6–18 DM **12 DM**
Fische, Fischerzeugnisse	54–96 **70**	6–22 DM **15 DM**
Fleisch- und Wurstwaren Jahresumsatz bis 600 000 DM	54–117 **85**	6–22 DM **13 DM**
Gast- u. Speisewirtschaft (über 400 000 DM Umsatz)	156–300 **203**	5–23 DM **14 DM**
Geschenkartikel, Kunstgewerbe	61–170 **96**	6–25 DM **15 DM**
Getränke, Spirituosen (Einzelhandel West/Nord)	18–45 **28**	4–15 DM **9 DM**
Haushaltswaren, Glas, Porzellan, Keramik	47–89 **67**	4–20 DM **13 DM**
Imbißstätten	117–213 **156**	11–32 DM **22 DM**
Kraftfahrzeugzubehörhandel (Einzelhandel)	28–79 **52**	3–18 DM **9 DM**
Leder- und Taschenwaren	67–108 **85**	7–21 DM **14 DM**
Möbel und sonstige Einrichtungsgegenstände	43–89 **61**	4–18 DM **11 DM**

Gewerbeklassen	Handelsspanne	Reingewinn
Nahrungs- u. Genußmittel verschiedener Art (Einzelhandel)	19–40 **28**	2–12 DM **6 DM**
Obst, Gemüse, Südfrüchte (Einzelhandel)	12–156 **51**	4–19 DM **11 DM**
Optiker (über 300 000 DM Umsatz)	133–223 **170**	8–30 DM **18 DM**
Parfümeriewaren (Einzelhandel bis 300 000 DM Umsatz)	59–113 **79**	9–22 DM **16 DM**
Reformwaren (Einzelhandel)	37–61 **49**	3–14 DM **8 DM**
Rundfunk-, Fernseh- und Phonogeräte (Einzelhandel mit Reparaturen)	35–82 **54**	6–19 DM **12 DM**
Schuhe und Schuhwaren (Einzelhandel mit Reparaturbetrieb)	52–100 **72**	3–22 DM **11 DM**
Spielwaren (Einzelhandel)	39–70 **54**	3–17 DM **9 DM**
Sportartikel, Freizeitartikel, Campingbedarf (Einzelhandel)	41–75 **56**	6–16 DM **11 DM**
Tabakwaren und Zeitschriften (Einzelhandel)	14–27 **19**	3–11 DM **6 DM**
Textilwaren verschiedener Art (Einzelhandel)	54–96 **72**	3–20 DM **10 DM**
Uhren, Schmuckwaren (Einzelhandel mit Reparaturen)	69–127 **92**	5–27 DM **15 DM**
Zoobedarf, Kleintiere (Einzelhandel)	54–108 **75**	7–20 DM **13 DM**

Quellen: Einheitliche Richtsatzsammlungen für das gesamte Bundesgebiet, herausgegeben vom Bundesministerium der Finanzen für die Oberfinanzdirektionen des Bundesgebietes (§ 39 BpO)

Übersicht für Dienstleistungen und Handwerk

Im Gegensatz zum Einzelhandel werden hier nicht in jedem Fall Waren eingekauft, eine Handelsspanne ist deshalb nicht angegeben. **Reingewinn** (Rohgewinn abzüglich Betriebsausgaben z. B. für Personal, Miete, jedoch ohne generellen Abzug der Unternehmenssteuern, wobei die je nach Gesellschaftsform z.T. in den Betriebsausgaben enthalten sein können).
Beispiel: Von 100 DM Umsatz bleiben dem Autovermieter durchschnittlich 22 DM als Reingewinn

Wirtschaftszweig	**Reingewinn** Spanne je 100 DM Umsatz, **Durchschnitt**
Anzeigen-, Werbevermittlung	50–65 DM **59 DM**
Autovermietung (stark abhängig von Zahl der Fahrzeuge, Mitarbeiter, Filialen)	20–33 DM **22 DM**
Bausparkassenvertretung	50–70 DM **60 DM**
Bautischlerei, Zimmerei (bis 400 000 DM Umsatz)	9–37 DM **23 DM**
Bauunternehmen (Umsatz 400 000–1 000 000 DM)	6–24 DM **15 DM**
Beherbergungsgewerbe (Umsatz über 250 000 DM)	9–36 DM **19 DM**
Bestattungsunternehmen (Umsatz über 250 000 DM)	16–38 DM **27 DM**
Chemische Reinigungen (Umsatz über 200 000 DM)	9–33 DM **18 DM**
Dachdeckereien (Umsatz bis 500 000 DM)	11–35 DM **21 DM**
Druckereien (Umsatz 250 000 bis 500 000 DM)	6–30 DM **18 DM**

Wirtschaftszweig	**Reingewinn**
Elektroinstallation (Umsatz 250 000 bis 500 000 DM)	10–32 DM **20 DM**
Fahrschulen (Umsatz 150 000 bis 300 000 DM)	23–51 DM **37 DM**
Fliesenlegerei mit Materiallieferung (Umsatz 400 000 bis 1 000 000 DM)	8–28 DM **18 DM**
Fotografisches Gewerbe (Umsatz bis 400 000 DM)	7–27 DM **17 DM**
Friedhofsgärtnereien	10–38 DM **21 DM**
Friseure (Umsatz 100 000 bis 200 000 DM)	17–37 DM **27 DM**
Garten- und Landschaftsbau (Umsatz über 400 000 bis 800 000 DM)	5–24 DM **14 DM**
Gebäudereinigung (Umsatz über 300 000 DM)	10–29 DM **19 DM**
Glasergewerbe (Umsatz über 500 000 DM)	6–26 DM **15 DM**
Hotels (mit Halb- oder Vollpension, Umsatz über 250 000 DM)	9–36 DM **19 DM**
Installationsbetriebe (Heizung, Gas, Wasser, Umsatz 600 000 bis 1 200 000 DM)	6–21 DM **14 DM**
Kfz-Lackierereien (bis 300 000 DM Umsatz)	12–45 DM **26 DM**
Kfz-Reparatur (über 200 000 bis 500 000 DM Umsatz)	7–26 DM **16 DM**
Maler- und Lackiergewerbe (Umsatz über 150 000 bis 400 000 DM)	18–46 DM **28 DM**
Raumausstatter, Dekorateure (bis 300 000 DM Umsatz)	9–22 DM **16 DM**

Wirtschaftszweig	**Reingewinn**
Schlossereien (Umsatz 300 000 bis 600 000 DM)	12–30 DM **20 DM**
Schneiderei (Änderungsschneiderei)	28–70 DM **48 DM**
Schreinerei, Tischlerei (Umsatz 400 000 bis 1 000 000 DM)	5–22 DM **13 DM**
Schuhmacherei, auch orthopädisch (Umsatz über 200 000 DM)	16–43 DM **29 DM**
Stukkateurgewerbe, Gipserei u. Verputzerei (Umsatz über 200 000 bis 500 000 DM)	12–38 DM **25 DM**
Wäscherei, Heißmangelei (bis 300 000 DM Umsatz)	16–39 DM **28 DM**
Werbeagenturen (Full Service)	7–12 DM **9 DM**

Quelle: Richtsatzsammlung des Bundesministeriums der Finanzen für die Oberfinanzdirektionen, eigene Recherchen.

Heimliche Erbschaften und Schenkungen: Unterschätzen Sie nie den Neid der anderen!

Das Finanzamt prüft Ihre Angaben

Es gibt die verschiedensten Fälle, in denen Sie dem Finanzamt Geldherkunft nachweisen müssen. Dies kann vorkommen, wenn Sie offiziell (lt. Einkommensteuererklärung) so wenig verdienen, daß Sie dem Finanzamt nachweisen müssen, wovon Sie eigentlich gelebt haben.

☺ Falls Sie weder Sozialhilfe, Wohngeld, Arbeitslosengeld oder sonstige staatliche Unterstützungen erhalten haben, können Sie die Unterstützung von Freunden, Lebenspartnern und Angehörigen angeben.

Diese Angaben werden jedoch überprüft. Dies geschieht durch Vorlage entsprechender Quittungen, Bankbelege, evtl. sogar mündlichen Vorladungen an Amtsstelle.

Sollten Sie mit Schwarzgeld Vermögen erworben haben und dieses, aus welchem Grund auch immer, steuerlich bedeutsam werden, müssen Sie die Finanzierung des Objekts (Immobilie, Segeljacht, Wertpapiere etc.) dem Finanzamt offenlegen. Die dann gewählte Erklärung, Ihr Einkommen oder Vermögen entstamme einer oder mehreren Erbschaften, kann unter Umständen auf ganz wackeligen Beinen stehen.

☺ Falls Sie jedoch die Grenzen der Kontrollmitteilungen und die persönlichen Freibeträge bei der Erbschaftsteuer beachten, können Sie die Geldherkunft mit einer Erbschaft begründen, ohne dafür Erbschaftsteuern zahlen zu müssen.

Vor allem kommt es hier auf die Höhe der Erbschaft und das Verwandtschaftsverhältnis an. Welche Beträge dann steuerfrei ge- oder vererbt werden dürfen, geht aus den folgenden Übersichten hervor.

Freibeträge bei Erbschaft- und Schenkungsteuer

Steuerklasse	Personenkreis	persönlicher Freibetrag in DM
I	Ehegatte	600 000
I	Kinder, Stiefkinder, Kinder verstorbener Kinder	400 000
I	Enkelkinder, Eltern bei Erwerb von Todes wegen	100 000
II	Eltern (bei Erwerb zu Lebzeiten), Geschwister, Nichten, Neffen, Stiefeltern, Schwiegerkinder, Schwiegereltern, geschiedener Ehegatte	20 000
III	alle übrigen Erwerber	10 000
III	nichtehelicher Lebenspartner	10 000

Steuersätze in Prozent

	Steuerklasse I	Steuerklasse II	Steuerklasse III
Wert des steuerpflichtigen Erwerbs unter Abrechnung des Freibetrags bis	Ehegatten, Kinder, Enkelkinder, Eltern bei Erwerb wegen Tod	Geschiedene Ehegatten, Geschwister, Nichten, Neffen, Stief- und Schwiegereltern	andere Personen
100 000 DM	7	12	17
500 000 DM	11	17	23

	Steuerklasse I	Steuerklasse II	Steuerklasse III
1 000 000 DM	15	22	29
10 000 000 DM	19	27	35
25 000 000 DM	23	32	41
50 000 000 DM	27	37	47
mehr als 50 000 000 DM	30	40	50

Skeptisch, wie die Burschen nun mal sind (als ob irgend jemand irgendwann mal irgendwie das Finanzamt belügen wolle), werden die Mitarbeiter der Finanzverwaltung Ihre Angaben überprüfen. Sie müssen deshalb genaue Daten liefern. Stellt sich heraus, daß Ihre Oma vermögenslos war und Ihnen angeblich DM 100 000,– vererbt hat, so wird die Steuerfahndung eingeschaltet. Entweder gibt's jetzt

- Ärger wegen Ihrer Falschbehauptung oder weil Ihre
- Oma offensichtlich längere Zeit Einnahmen verheimlicht hat.

> Stellt sich letzteres als zutreffend heraus, haften Sie als Erbe für die Steuerschulden des Erblassers für die zehn zurückliegenden Jahre. Dies gilt für alle Steuerarten, falls das vererbte Vermögen bisher nicht versteuert wurde.

Lassen Sie deshalb Ihre Angaben zur Erbschaft vorher fachmännisch prüfen. Das ist besser, als der Steuerfahndung irgendwelche Anhaltspunkte für einen Anfangsverdacht zu liefern. Daraus kann schnell mehr werden.

Wie erfährt das Finanzamt von vererbtem Vermögen?

Im Todesfall sind Notare, Gerichte, Vermögensverwalter und Banken über sämtlichen Nachlaß dem Finanzamt für Erbschaftsteuern gegenüber auskunftspflichtig. Deshalb wird spätestens jetzt das am Todestag noch vorhandene, im Inland registrierte Vermögen total transparent.

💣 Das Finanzamt des Erblassers, wie der Verstorbene im Amtsdeutsch heißt, wird von der Erbschaftsteuerstelle informiert, wenn der Reinwert des zu vererbenden Vermögens DM 250 000 übersteigt oder das zum Nachlaß gehörende Kapitalvermögen DM 50 000 übersteigt.

💣 Das Finanzamt des Erben erhält eine Kontrollmitteilung ab einem Wert des vererbten Vermögens von DM 50 000.

Allein aufgrund dieser Auskunftspflichten und der entsprechenden Kontrollmitteilungen an die Veranlagungsbezirke der Finanzämter sind eigenen Argumentationen im Hinblick auf Erbvermögen Grenzen gesetzt. Denn Sie werden dann von dem Finanzamt für Erbschaftsteuern (im Amtsdeutsch heißt es ganz komplett Erbschaftsteuerangelegenheiten) zur Abgabe einer Erbschaftsteuererklärung aufgefordert.
Es hat keinen Sinn, falsche Angaben zu Ihren Gunsten zu machen, da sich dies zum Bumerang entwickeln würde. Dem Finanzamt sind die Angaben nämlich schon alle bekannt. Lediglich die Höhe der Erbfallkosten (Beerdigung usw.) und eventuelle Nachlaßverbindlichkeiten kennt man dort nicht.

☺ Falls im Testament nicht enthalten, werden Schmuck, Teppiche und Antiquitäten häufig vergessen. Bleiben diese Werte einmal geheim, so kann dieses Geheimnis später ganz schnell platzen. Denn geheime Werte können später steuerlich transparent werden, wenn sie z. B. für einen Immobilienerwerb verkauft oder benutzt werden, um den Lebensunterhalt offiziell davon zu bestreiten.

Abgesehen vom offiziellen Datenaustausch zwischen den Finanzämtern gibt es noch die Möglichkeit, daß Sie von anderen beim Finanzamt angeschwärzt werden. Solche Racheanzeigen erfolgen häufig von

- Miterben, die sich selbst bei der Verteilung des Nachlasses benachteiligt sehen,
- Mitwissern heimlicher Vermögen,
- ehemaligen Lebenspartnern, Freunden, Kollegen und Verwandten.

Kurzum: Es droht meistens Unheil aus dem Personenkreis, zu dem Sie engen Kontakt pflegen oder pflegten und die zuviel wissen oder wußten.

☺ Falls Sie noch etwas ›nebenbei‹ geerbt haben, behalten Sie es für sich und freuen sich im stillen! Anders als z. B. in den USA müssen Sie sich in Deutschland für Erfolg und Reichtum (leider) schämen. Nirgendwo ist der Neid so groß wie hier. Erwecken Sie daher nicht den Argwohn Außenstehender, indem Sie Ihren neuen ›Reichtum‹ nach außen tragen.

Wann erfährt das Finanzamt von vererbtem Vermögen, das bisher verheimlicht wurde?

Wenn Ihre Oma ihrer Hausbank nicht traute, war sie einerseits verdammt clever. Vielleicht hat sie die Sache mit den Hausdurchsuchungen der Steuerfahnder bei den Großbanken schon geahnt. Wahrscheinlich hatte Oma dann hohe Geldbeträge unter der Matratze versteckt. Darüber kann nun aber kein Gericht, Notar und keine Bank dem Erbschaftsteuerfinanzamt im Todesfall eine Mitteilung machen. Sind Sie der glückliche Alleinerbe, gibt es auch keinen Streit mit eventuell benachteiligten Miterben oder Anspruchsberechtigten.

☺ Erfahren nun auch Ihre Freunde, Kollegen und Partner nichts davon, so bestehen gute Chancen, daß auch das Finanzamt an Ihrem neuen Reichtum kein stiller Teilhaber wird.

Natürlich möchten Sie Ihr geerbtes Geld gewinnbringend anlegen. Da die Zinsen auf der Bank mehr als mickrig sind, entschließen Sie sich z. B. für den Kauf einer Immobilie zur Vermietung oder zur eigenen Nutzung, der immer noch die inflationsgeschützteste und angesichts zum Teil gesunkener Preise eine sehr lukrative Kapitalanlage ist.

Falls Sie für diese Investition nun Ihr geheimes ererbtes Geld einsetzen, hat die Steuerfalle zugeschnappt! Die Immobilieninvestition ist ein steuerwirksamer Vorgang, dessen Finanzierung Sie dem Finanzamt offenlegen müssen.

Sollten Sie angeben, den Immobilienkauf von DM 200 000,– aus Ihrem laufenden Einkommen von jährlich DM 120 000,– bestritten zu haben, so ist dies in einem Jahr schwerlich möglich. Falls Sie sich das Geld angeblich über Jahre hinweg aus Ihrem Einkommen angespart haben, so prüft das Finanzamt, ob Sie in den vergangenen Jahren überhaupt Zinserträge versteuert haben. Gegebenenfalls erfolgen dann sogar noch Hinzurechnungen. Strafrechtlich verschont bleiben Sie dann aber nur mit einer Selbstanzeige (siehe Kapitel 7).

Da Sie ein ehrlicher Mensch sind, erzählen Sie dem Finanzamt von Ihrer bisher unversteuerten Erbschaft. Sie geben an, von einer Erbschaftsteuererklärung nichts gewußt zu haben, da man Ihnen auch keine Formulare zugeschickt hätte. Letzteres konnte natürlich gar nicht passieren, da keine Auskünfte an die Erbschaftsteuerstelle erfolgten.

💣 Da Ihre Oma das Geld über Jahrzehnte hinweg angespart hatte, jedoch weder das Vermögen noch die Erträge daraus erklärt hatte, dürfen Sie nun als Rechtsnachfolger für zehn zurückliegende Jahre sämtliche Steuern nachzahlen. Bedenken Sie auch, daß Steuernachzahlungen (im Sinne von § 2 AO) verzinst werden, wenn Sie nach dem 1. 4. des zweiten auf das Veranlagungsjahr folgenden Jahres fällig werden. Die Zinsen zahlen Sie also noch zusätzlich.

Ob Sie nun wirklich geerbt haben oder sich die Sache mit der Erbschaft nur ausgedacht haben, um irgendwie entdecktes heimliches Geld zu erklären: Es kann ein teures Vergnügen werden, von der echten oder angeblichen Oma zu erzählen.

☺ Wenn jemand schon (glücklicherweise) geheimes Geld erhält, es verlebt oder Tafelpapiere (so lange das noch geht) davon kauft, ist die Entdeckungsgefahr gebannt. Aber wehe, es werden Immobilien damit finanziert, Wertpapiere oder sonstiges Vermögen, dessen Erträge zu versteuern sind. Sollten trotzdem die genannten Dinge erworben werden, so müßte dafür trotz vorhandenem Schwarzgeld ein Kredit auf dem Privatweg oder über die Bank aufgenommen werden.

Kann vererbtes oder geschenktes Vermögen von selbst auffallen?

Sind Sie selbständig, kann das Finanzamt bei Ihnen jederzeit eine Betriebsprüfung durchführen. Dabei werden u. a. sogenannte Verprobungen durchgeführt (siehe Kapitel 2).

Die Sache mit der Finanzlücke

Der Betriebsprüfer stellt fest, daß Ihre betrieblichen Investitionen in bezug auf Ihre Betriebseinnahmen zu hoch sind.

Gleichzeitig sind die Bankverbindlichkeiten und der Kassenbestand niedrig.
Daraus schließt der Prüfer, daß Sie noch eine andere Geldquelle besitzen, und er geht der Sache nach. Wenn Sie jetzt mit einer Erbschaft oder Schenkung argumentieren, müssen Sie dies nachweisen. Es kann Sie Schenkungsteuer bzw. Erbschaftsteuer kosten.
Neben den eben beschriebenen Finanzierungslücken, durch die Steuerhinterziehungen häufig auffliegen, gibt es noch weitere Beispiele für die Aufdeckung von heimlichen Erbschaften/Schenkungen.

Die Sache mit den Wertpapieren

Sie wollen steuerehrlich bleiben und tragen in der Anlage für Kapitalvermögen (KSO) sämtliche Zinserträge und Dividendengutschriften ein, nachdem Sie im Jahr zuvor reichlich Aktien gekauft und Festgeld angelegt haben (was bei den banküblichen mickrigen Zinsen sowieso unratsam ist).
Kurz nachdem Sie die Einkommensteuererklärung eingereicht haben, fragt das Finanzamt schriftlich bei Ihnen an, warum Sie in den Vorjahren keine Zinserträge versteuert hätten bzw. woher das Kapital für die Aktien- und Wertpapierkäufe stamme.
Wie schon mehrfach dargestellt, wäre hier eine Kreditaufnahme als Erklärung die steuerlich beste Lösung. Dafür aber hätten Sie auch wieder Beweise vorzulegen, etwa den Kreditvertrag. Falls dies jedoch nicht möglich ist, müssen Sie die geheime Schenkung oder Erbschaft gestehen und nachblechen.

Was passiert, wenn es wegen angeblichen Schwarzgelds eine Anzeige gibt?

Das Finanzamt geht nur konkreten Hinweisen aus der Bevölkerung nach. Der bloße Hinweis, daß Sie beim Nachbarn Schwarzgeld vermuten, weil er eine nagelneue Luxuskarosse

fährt und häufiger als sonst Urlaub macht, reicht nicht aus, um die Steuerfahndung aktiv werden zu lassen.
Damit die Amtsmaschinerie anläuft, müssen schon konkrete Angaben vorliegen, z. B.

- daß Herr X abends immer auf einer bestimmten Baustelle heimlich Fliesen legt oder
- daß Familie Y bei einer ganz bestimmten Bankfiliale in Luxemburg ein geheimes Konto unterhält oder
- daß Herr Protz eine Zehn-Meter-Jacht im Hafen von Marbella vor Anker liegen hat.

Für das Finanzamt ist es wichtig zu erkennen, ob solche Anzeigen aus dem persönlichen Umfeld des Beschuldigten stichhaltig sind oder nur aus Rache bzw. Schikane gestellt werden. Sollte nämlich nur dem verhaßten, erfolgreicheren, besseraussehenden Kollegen ein bißchen Ärger bereitet werden und an den Vorwürfen nichts dran sein, so trifft zunächst das Finanzamt die volle Beweislast. Es muß die eventuell gar nicht existierenden Schwarzgeldgeschäfte beweisen.

> 💣 Kann das Finanzamt bzw. die Steuerfahndung beim besten Willen nicht fündig werden, so entstehen dem Angezeigten dennoch durch das Verfahren eine Menge Ärger und Kosten. Für diesen Fall muß das Finanzamt den Namen des Hinweisgebers auf Anfrage des Verteidigers des Angezeigten bekanntgeben. Der Verteidiger hat Anspruch auf Akteneinsicht nach § 164 Strafprozeßordnung.

> ☺ In einem zivilrechtlichen Verfahren kann der Angezeigte dann Schadenersatzansprüche gegen den boshaften Denunzianten geltend machen. Das werden zumindest die Auslagen für entstandene Steuerberatungs- und Rechtsanwaltskosten sein.

Wie kann man erreichen, daß spätere Erben heimliches Geld nicht nachversteuern müssen?

Die Vererbung von heimlichen Vermögen ist relativ riskant, weil die Erben aus Leichtsinn und Unkenntnis zu viele Fehler begehen. Ist unerlaubterweise Schwarzvermögen zu vererben, sollten der oder die Erben zu Lebzeiten zwingend darauf hingewiesen werden, alles geheim zu halten.

- Schwarzgeld darf nie auf einem Konto oder Sparbuch des Erben landen. Auch dann nicht, wenn es sich um eine völlig fremde Bank in einer ganz anderen Stadt handelt, denn auch Banken werden geprüft – und dies mittlerweile am laufenden Band.
- Mit dem ererbten Schwarzgeld dürfen keine steuerlich wirksamen Anschaffungen oder Investitionen getätigt werden (Immobilien, Wertpapiere, deren Erträge später zu versteuern sind).
- Geldanlagen, die der Erblasser bei einer Bank in einer Steueroase besaß, dürfen niemals auf ein deutsches Bankkonto überwiesen werden.
- Wollen Erben aus Großzügigkeit einen Teil des geerbten Schwarzgeldes wieder verschenken, so müssen sie beachten, daß der Beschenkte damit vorsichtig umgeht und das Geld nur in den privaten Konsum fließen läßt.

Die diskrete Vererbung von Geheimkonten: Zuerst die Erben, dann das Finanzamt

Im Todesfall sind die Banken gegenüber dem Finanzamt auskunftspflichtig.

> ☺ Hat der Erblasser jedoch zu Lebzeiten ein Depot bei einer fremden Bank in einer weiter entfernten inländischen Stadt errichtet, so erfährt diese Bank erst nach relativ langer Zeit vom Ableben des Depotinhabers.

Ist dem Erben schon zu Lebzeiten des Depotinhabers eine Bankvollmacht für das Konto oder Depot erteilt worden, so räumen viele Bevollmächtigte auch nach Ableben des Depotinhabers das Konto weitestgehend leer, ohne daß die Bank Kenntnis vom Tod des Depotinhabers hat.

Viele Erblasser treffen für den/die Erben Vorsorgemaßnahmen:

- Sie erteilen dem oder den Erben eine Konto- bzw. Depotvollmacht für den Todesfall. Dies kann sogar ohne Kenntnis des Bevollmächtigten geschehen, es müssen jedoch dessen Namen, Adresse und Geburtsdatum angegeben werden.
- Sie teilen der Bank schriftlich mit, daß zunächst der Bevollmächtigte und dann erst das Finanzamt zu benachrichtigen ist. Dies wird dann vom Geldinstitut meistens auch berücksichtigt.

Die vorgezogene Nachricht an den Kontenbevollmächtigten entbindet nicht von der Erbschaftsteuerpflicht. Daß der Bevollmächtigte zuerst benachrichtigt wird, hat für diesen meistens nur den Vorteil, daß die gesetzlichen Erben nicht zuerst zuschlagen, falls diese überhaupt von einem weit entfernten Depot Kenntnis bekommen.

Und was ist mit der Vererbung von Auslandsvermögen?

Wollen Sie ein vor dem deutschen Fiskus bisher geheimgehaltenes Ferienhaus im Ausland vererben, so bleibt dieser Besitz zunächst auch bei Ihrem Ableben geheim.
Möchte ein neuer Eigentümer ins Grundbuch eingetragen werden, so muß dies unter Vorlage der Sterbeurkunde beim Notar beantragt werden. Ist dann die Eintragung im ausländischen Grundbuch erfolgt, droht Unheil: Jetzt kann

auch der deutsche Fiskus von dem neuen Besitz des Erben erfahren, weil z. B. spanische Grundbücher turnusmäßig von gesondert dafür eingesetzten Beamten eingesehen werden.

> 💣 Falls Sie anläßlich einer solchen Überprüfung auffallen, haften Sie als Erbe für die entdeckten Steuersünden des Verstorbenen. Für diesen Fall fordert der ausländische Staat dann auch seinen Tribut.

Vererben Sie eine Jacht, die bisher in Deutschland nie aufgetaucht ist, jetzt aber nach Deutschland überführt wird, so können die Erben trotz aller Vorsicht ebenfalls auffallen. Deutsche Finanzbeamte schreiben sich regelmäßig die Namen deutscher Schiffe auf und können auf diesem Weg leicht die Namen der Eigentümer in Erfahrung bringen.

> ☺ Kleinere, unauffälligere Sachwerte sind leichter zu vererben, z. B. Teppiche, Schmuck, Bilder. Wird bei einem evtl. Wiederverkauf der Verkaufspreis in bar übergeben, verläuft das Geschäft für das Finanzamt spurenlos.

Am leichtesten ist geheimes Geld in bar weiterzugeben bzw. zu vererben. Was mit Tafelpapieren in Zukunft geschieht, ist zwar nicht absehbar. Anzunehmen ist jedoch, daß unser Finanzminister wahrscheinlich die Kapitalanlagen deutscher Anleger künftig noch transparenter machen will – er braucht Geld. Ob er das Ziel erreicht, dürfte jedoch fraglich sein. Wahrscheinlich wird er hinterher wieder nur überrascht tun, wenn die Entwicklung eintritt, die für Fachleute eigentlich vorhersehbar ist, nämlich daß wieder mehr Geld ins Ausland fließt.

☺ Geheimes, vererbtes Bargeld ist vor Entdeckung praktisch sicher, wenn es Barvermögen bleibt.

☺ Guthaben bei einer Bank in einer weit entfernten Steueroase sind ebenfalls vor Entdeckung sicher. Es dürfen jedoch keine Geldtransfers zwischen diesem und einem deutschen Konto erfolgen.

💣 Guthaben bei der ausländischen Tochterfiliale einer deutschen Großbank (in Luxemburg z. B.) sind nur vor Entdeckung sicher, wenn sie langsam aufgelöst und vorsichtig in kleinen Schritten in bar mitgenommen werden. Auch könnte das Guthaben bei einer anderen, unbekannten Bank der Steueroase, die nicht die Tochterfiliale einer deutschen Großbank ist, angelegt werden. Grundsätzlich ist davon auszugehen, daß alle ausländischen Tochtergesellschaften deutscher Geldinstitute auch künftig regelmäßig Besuch von der Steuerfahndung bekommen. Wer das nicht beachtet und sein Geld dort schlummern läßt, könnte der Fahndungstelle auch gleich eine Ansichtskarte schreiben und die Kontonummer angeben.

Können Schenkungen geheim bleiben?

Für Schenkungen gilt praktisch dasselbe wie für Erbschaften. Fliegt die Schenkung aber durch einen dummen Zufall oder eine Anzeige von dritter Seite auf, durch eigenen Leichtsinn oder eine Betriebsprüfung, so haftet dann nicht der Beschenkte für die entdeckten Steuersünden. Der Schenker selbst wird in die Mangel genommen.

Das Beispiel mit dem Geldgeschenk fürs Haus

Angenommen, Sie möchten ein Einfamilienhaus erwerben und bekommen von Ihrer alten Nachbarin, die Sie jahrelang gepflegt haben, DM 60 000,– geschenkt. Sie bauen das Geld in Ihre Finanzierung ein und unterschreiben einen Kaufvertrag. Nun aber bekommt das Finanzamt (automatisch) eine Kopie des Notarvertrages. Und da werden die Hüter der staatlichen Einnahmen hellwach. Sie verlangen von Ihnen nun eine Aufstellung der Finanzierung Ihres Hauses, Sie müssen die Schenkung also offenlegen.

💣 Und nun kommt's rappeldick: Sie sind mit der Schenkerin nicht verwandt und liegen somit in der ungünstigen Schenkungsteuerklasse III mit einem Freibetrag von DM 10 000,–. Das bedeutet, daß Sie von den verbleibenden DM 50 000,– insgesamt DM 8500,– Schenkungsteuern nachzahlen müssen. Das schmerzt gewaltig und reißt ein tiefes Loch in Ihre Portokasse.

Damit gibt sich das Finanzamt noch lange nicht zufrieden, denn jetzt wird der Fall der Schenkerin aufgerollt. Das Finanzamt möchte wissen, woher das Geld stammt und ob die Schenkerin Zinsen aus dem verschenkten Kapital in der Vergangenheit versteuert hat. Falls alles versteuert wurde, hat sich die Sache erledigt. Wenn nicht, muß die Schenkerin für die zurückliegenden zehn Jahre Einkommen- und gegebenenfalls die damals noch fälligen Vermögensteuern nachzahlen.

Wie Sie erfahren, wer Sie beim Finanzamt angeschwärzt hat

Leider erhält die Finanzverwaltung zu einem ganz erheblichen Teil wichtige Informationen von Steuerdenunzianten. Das sind Leute, die Ihnen aus irgendwelchen Gründen nicht mehr wohlgesonnen sind und sich aus primitiven Rache- und/oder Neidgelüsten beim Finanzamt melden: ›Herr Lehrer, ich weiß was!‹ Sehr häufig handelt es sich dabei um verlassene Lebenspartner, leer ausgegangene Erben, neidische Nachbarn, verärgerte Mitarbeiter oder Mitgesellschafter.

- Solche Anzeigen Dritter ziehen, wenn es sich um konkret klingende Angaben handelt, bei Selbständigen sehr oft Betriebsprüfungen nach sich.
- Sind sie nicht selbständig tätig, sondern Rentner, Vermieter oder Angestellter, bekommen Sie ein nettes Briefchen vom Finanzamt mit der Bitte um Stellungnahme zu dem betreffenden Sachverhalt.

> 💣 Ist die Sachlage für die Finanzverwaltung ganz offensichtlich und nachweisbar, so führt die Anzeige zu strafrechtlichen Ermittlungen mit Hausdurchsuchungen, Beschlagnahmung von Unterlagen und/oder Haftbefehl.

In der Mehrzahl aller Fälle geben die geheimen Informanten Ihre Kenntnisse an die Finanzverwaltung nur gegen die Zusicherung weiter, daß ihre Mitteilungen vertraulich behandelt werden und ihr Name in keiner Akte vermerkt wird.
Was passiert jedoch, wenn der Steuerdenunziant bewußt falsche Angaben geliefert hat, nur um dem Angezeigten eine Menge Ärger einzuhandeln?
Wenn dem Finanzamt falsche Informationen bezüglich Ihrer wirtschaftlichen und damit auch steuerlichen Verhältnisse bekannt werden, so hat dies in jedem Fall negative Folgen für Sie, insbesondere

- negativer Streß,
- zusätzliche Arbeitsbelastung,
- zusätzliche Zeit, die Sie aufbringen müssen,
- zusätzliche Kosten für Steuerberater und evtl. Rechtsanwalt,
- Bonitätsverlust bei Kunden und Banken.

Wenn der Informant jedoch die Geheimhaltung seiner Identität verlangt, so folgt die Finanzverwaltung diesem Begehren unter Hinweis auf das Steuergeheimnis nach § 30 AO, das auch für den Anzeiger selbst gilt. Der Angezeigte hat noch nicht einmal das Recht zur Einsichtnahme in seine eigene Steuerakte!

💣 Kommt es zum Strafprozeß, hat der Beschuldigte über seinen Anwalt zwar das Recht zur Einsichtnahme in seine Akte, die Daten des Denunzianten werden jedoch in einer anderen Akte aufbewahrt.

Nach Beendigung des Strafprozesses können Sie gegen die Ablehnung der Akteneinsicht Einspruch einlegen. Da die Finanzverwaltung jedoch auf solche wichtigen Informationsquellen angewiesen ist, fallen die Daten der feigen Informanten auch weiter unter das Steuergeheimnis. Dies hat der Bundesfinanzhof auch in einem Urteil vom 8. 2. 1994 noch einmal ausdrücklich bestätigt.

☺ Stellt sich jedoch heraus, daß der Informant unwahre Angaben gemacht hat, muß das Persönlichkeitsrecht des Angezeigten geschützt werden und der Name des Steuerdenunzianten **kann** in bestimmten Fällen genannt werden, namentlich wenn

- es zu einem Strafverfahren gekommen ist und kein strafbares steuerliches Vergehen vorlag,
- eine falsche Verdächtigung oder Beleidigung vorlag.

Der fälschlicherweise Angezeigte erhält somit die Möglichkeit der Geltendmachung von Schadensersatzansprüchen gegen den Falschinformanten.

💣 Kam es nicht zu einem Strafverfahren, sondern wurden nur erfolglose Ermittlungen angestellt, gibt es kein Recht auf Akteneinsicht. Nach einem Urteil des Bundesfinanzhofs vom 25. 7. 1994 dürfen sogar in einem Finanzgerichtsverfahren aus den Akten der Betriebsprüfer die vertraulichen Mitteilungen des Anzeigeerstatters herausgenommen werden.

Wie können Sie bei Falschanzeige vorgehen?

Sollten gegen Sie aufgrund einer Anzeige strafrechtliche Ermittlungen eingeleitet werden, können Sie versuchen, über Ihren Verteidiger aufgrund der Vorschriften von § 147 Zivilprozeßordnung den Namen des Anzeigers herauszufinden. Wenn der Name des Anzeigers nicht in der Ermittlungsakte steht, können Sie deren Unvollständigkeit bemängeln.
Auch wenn sich im Ermittlungsverfahren herausstellt, daß Sie keine Steuern hinterzogen haben, Ihnen aber ein Schaden in Form von Rechtsanwalts- und Steuerberatungskosten entstanden ist, sollten Sie handeln. Auch hier können Sie durch Ihren Verteidiger Schadensersatzansprüche beim Denunzianten geltend machen.
Kommen Sie trotz Ihres eigentlichen Akteneinsichtsrechts nicht weiter, so können Sie Anzeige gegen Unbekannt stellen, z. B. wegen

- Beleidigung,
- falscher Aussage,
- Verleumdung.

Weil Mister Unbekannt nur Ihnen unbekannt ist, kann die Staatsanwaltschaft schnell für Aufklärung sorgen und die Finanzverwaltung dazu zwingen, den Namen des Denunzianten zu benennen.
Diese Namensnennung kann der Angezeigte nach Beendigung des steuerstrafrechtlichen Verfahrens auch selbst verlangen, wenn er beweisen kann, daß die strafrechtlichen Ermittlungen gegen ihn nur auf einer Falschaussage Dritter beruhten und er hierdurch einen Schaden erlitten hat.
Empfohlen werden muß aber, die Namensnennung des Falschinformanten durch einen Verteidiger anzustreben. Er wird bei berechtigtem Interesse des Angezeigten die Benennung des Falschanzeigers hartnäckig durchsetzen.

Schutz für Denunzianten – der Staat ist daran interessiert

Die Finanzverwaltung hat immer ein berechtigtes Interesse an der Geheimhaltung der Daten des Anzeigers. Denn diese sollen entweder im betreffenden Fall oder in der Zukunft in anderen Fällen weiter auspacken. Dies erhöht schließlich bei stichhaltigen Hinweisen die Steuereinnahmen des Staates und die Erfolgspunkte der Beamten.
Würde es den von Anzeigen Betroffenen zu einfach gemacht, die Namen der Denunzianten zu erfahren, bekäme die Steuerfahndung keine Informationen mehr, die im Einzelfall Millionen wert sein können.

Schwarzgeld-Fallen, die selbst gelegt werden: Was fällt dem Prüfer auf

Auch wenn kleine Steuersünden jahrelang unentdeckt blieben, sollte man sich nicht in trügerischer Sicherheit wiegen. Denn das Auge des Finanzamtes ist überall wachsam, und wenn es etwas erspäht hat, werden mindestens noch die zehn zurückliegenden Jahre wieder aufgerollt. Kleine (oder auch größere) Mogeleien können dann ans Tageslicht kommen.

Anzeigen oder Betriebsprüfung

Anzeigen von neidischen oder verärgerten Nachbarn, Freunden oder Bekannten

Wenn Sie sich als kaufmännischer Angestellter mit normalem Einkommen plötzlich einen Porsche vor die Haustür stellen und fünfmal im Jahr Urlaub machen, so kann das schon Argwohn und Neid hervorrufen.
Wichtig: Das Finanzamt verfolgt nur konkrete Hinweise, bloßen Vermutungen ins Blaue hinein gehen die Finanzbeamten nicht nach.

<u>Das Beispiel mit dem abgeblitzten Verehrer:</u>

Es ist tatsächlich vorgekommen, daß ein Nachbar über Monate hinweg seiner Nachbarin nachgefahren ist und deren Tagesablauf mit genauer Uhrzeit- und Ortsangabe protokolliert hat. So konnte er ihre heimliche Schwarzarbeit aufdecken und dem Finanzamt genaue Fakten liefern, denen dann auch nachgegangen wurde. Sein Motiv: Er war bei ihr abgeblitzt.

Anzeigen von verlassenen Lebenspartnern

Egal, ob verheiratet oder nicht: Lebensgefährten (kommt von Lebensgefahr) wissen meistens auch über die gegenseitigen finanziellen Verhältnisse Bescheid.
Solange man gemeinsam vom heimlichen Schweizer Konto profitiert, geht ja üblicherweise auch alles gut. Die überwiegende Zahl von Anzeigen bei der Steuerfahndung kommen denn auch von verlassenen Lebenspartnern, die – von Rache getrieben – dem anderen nun auch nicht mehr das gut gefüllte Schweizer Bankdepot gönnen.
Wichtig: Der Anzeigende kann in vielen Fällen Opfer seiner eigenen Denunziation werden – wenn er in den vergangenen Jahren mit dem anderen gemeinsame Sache bei der Steuerhinterziehung gemacht hat.

Das Beispiel mit dem untreuen Ehemann:

Eine ständig betrogene Ehefrau, die mit ihrem Ehemann einen größeren Gastronomiebetrieb unterhielt, liefert dem Finanzamt genaue Auskünfte über die ›Schwarzkasse‹ des eigenen Restaurants. Hintergrund: Sie will den ungetreuen Exmann unbedingt ins Gefängnis bringen. Freiweg nach dem Motto: Wenn ich ihn schon nicht ganz haben kann, kriegen ihn die anderen auch nicht mehr! In solchen Fällen aber wandert die beteiligte Ehefrau mit hinter Gitter.

Betriebsprüfungen bei Selbständigen (nach § 193 AO)

Eine Betriebsprüfung findet nur bei Selbständigen bzw. gewerblich Tätigen statt. Sie wird schriftlich angekündigt und sollte möglichst in den Praxisräumen Ihres steuerlichen Beraters stattfinden. Grund: Der Prüfer sollte nicht die Gelegenheit bekommen, Ihnen, Ihren Mitarbeitern oder Familienangehörigen scheinbar harmlose Fragen zu stellen, deren Hintergründe Sie nicht verstehen können, die Sie aber erhebliche Mehrsteuern kosten kann.

Das Beispiel mit den Reiseplänen:

Der Prüfer fragt Sie ganz belanglos, wo Sie meistens Ihren Urlaub verbringen. Da Urlaub ein beliebtes Thema ist, erzählen Sie, daß Sie immer mit dem Auto nach Barcelona fahren und das zweimal jährlich. Das reicht dem Prüfer schon, um für ein bisher angeblich nur betrieblich genutztes Fahrzeug den Privatanteil von 1 % vom Listenpreis zuzüglich Fahrten zwischen Wohnung und Arbeitsstätte anzusetzen. Dies sogar für den gesamten Prüfungszeitraum, der sich meistens auf die drei letzten Veranlagungsjahre bezieht. In manchen Fällen wird der Prüfungszeitraum auch auf einen längeren Zeitraum ausgedehnt.
Wichtig: Falls Ihre Buchhaltung nicht ordnungsgemäß ist oder der Gewinn, gemessen am Umsatz, zu gering ausfällt, so vermutet der Betriebsprüfer schnell Einnahmen- bzw. Gewinnverheimlichungen (siehe dazu auch Kapitel 2).
Ganz schlecht sieht es für Sie aus, wenn der Betriebsprüfer auf Ihren Konten regelmäßige und/oder hohe Geldtransferierungen ins Ausland bemerkt, für die Sie keine saubere Erklärung parat haben. Falls Sie dann angeben, Ihre mittellose in Ghana lebende Schwester zu unterstützen, müssen Sie dies nachweisen, u. a. auch durch Verdienstbescheinigungen Ihrer Schwester etc.
Wichtig: Sind bei einer Einzelfirma keine Privatentnahmen des Betriebsinhabers ersichtlich, wird Sie der Prüfer fragen, wovon Sie gelebt haben. Hier wird er auch Schwarzeinnahmen vermuten, die für den Lebensunterhalt und privaten Konsum verbraucht wurden.
Schwarzgeld gehört nicht auf ein Konto. Wenn der Betriebsprüfer Bareinzahlungen auf Ihrem Konto entdeckt, zu denen er keine von Ihnen ausgestellte Rechnung findet oder eine Gehaltszahlung, so vermutet er Schwarzgeld.

Das Beispiel mit den Verprobungsmethoden:

Die schon beschriebene Verprobungsmethode (Kapitel 2) stellt bei Selbständigen ein Instrument des Betriebsprüfers dar, Ihre Steuerehrlichkeit zu überprüfen. Verprobung heißt im wesentlichen, daß verschiedene Bilanzpositionen miteinander verglichen werden, für die der Prüfer Meßzahlen hat. Bei der sogenannten Vorsteuerverprobung werden die Betriebsausgaben mit den in Abzug gebrachten Vorsteuern verglichen.
Angenommen, Ihr Wareneinsatz betrug DM 20 000,– (incl. 16 % MwSt), Sie machten jedoch für das betreffende Kalenderjahr DM 5000,– Vorsteuern geltend und hatten sonst keine Ausgaben. Ihr als Betriebsausgaben geltend gemachter Vorsteuerbetrag ist um DM 2241,39 zu hoch, wofür der Betriebsprüfer folgende Gründe finden kann:

- Es handelt sich um einen Eingabefehler bei der Buchhaltung. Dies ist jedoch kaum möglich, wenn diese per EDV erstellt wurde.
- Die Vorsteuern wurden bewußt zu hoch angesetzt, um die Umsatzsteuerbelastung gering zu halten und um die Betriebsausgaben aufzublähen.
- Es wurden zunächst alle Eingangsrechnungen incl. Mehrwertsteuer verbucht und hinterher einige wieder herausgenommen, nicht jedoch die entsprechende Vorsteuer. Vielleicht, weil Betriebseinnahmen hinterzogen wurden und folglich Schwarzeinkäufe stattgefunden haben müssen, damit es dem Prüfer nicht auffallen soll.

Weiter wird der Gewinn einer Einzelfirma mit den privaten Bedürfnissen (Miete, Lebensunterhalt, Kleidung etc.) verglichen. Sind letztere Ausgaben höher, wird der Prüfer Sie fragen, wovon Sie gelebt haben.
Falls Sie nicht unterstützt wurden oder ein privates Darlehen beansprucht haben, schätzt der Prüfer Einnahmen hinzu und informiert vielleicht sogar die Steuerfahndung.

Die Formen der generellen Steuerkontrolle

Das Finanzamt muß Ihnen die Steuerhinterziehung nachweisen und folglich Beweise suchen, um gegen Sie – gegebenenfalls auch strafrechtlich – vorgehen zu können und um insbesondere die fehlenden Steuern einzutreiben.
Im Rahmen dieser notwendigen Beweiserhebung außerhalb einer Steuerprüfung hat die Finanzverwaltung (nach §§ 90 ff. AO) folgende Möglichkeiten:

- Einholen von Auskünften der Beteiligten und bei dritten Personen,
- Hinzuziehen von Sachverständigen,
- Anforderung von Unterlagen, Urkunden, Dokumenten,
- Vorladung des Steuerpflichtigen an Amtsstelle zwecks Erteilung von Auskünften,
- Ortsbesichtigung (Wohnung und Betrieb),
- Eidesstattliche Versicherung des Steuerpflichtigen, wenn alle anderen Möglichkeiten der Beweissicherung nicht ausreichend waren.

Das Finanzamt bestimmt die Wahl der Ermittlungsmöglichkeiten, wobei die gewählte Methode je nach Schwere des Falles angemessen sein muß.

Die intensivere Form der Beweiserhebung durch die Steuerprüfung

Es gibt folgende Arten einer Steuerprüfung:

- Punktuelle Einzelprüfungen und abgekürzte Außenprüfungen (§ 203 AO) bzw. Betriebsprüfungen bei Kleinstbetrieben. Hier werden nur einzelne Belege zur Überprüfung meist nur eines Veranlagungsjahres angefordert.
- Außenprüfungen (§§ 193 ff. AO) bei Mittel- und Großbetrieben, die entweder beim Steuerpflichtigen oder beim Steuerberater durchgeführt werden. Hier handelt es sich

um eine gesamte Überprüfung der steuerlichen Verhältnisse (Großbetriebsprüfung), die sich über die letzten drei dem Finanzamt vorliegenden Veranlagungsjahre erstreckt. Hierzu zählen auch die Lohnsteuer-Außenprüfung, Umsatzsteuer-Sonderprüfung und Kapitalertragsteuer-Prüfung.

- Steuerfahndungsprüfungen (s. Kapitel 8), die die tatsächlichen Besteuerungsgrundlagen feststellen und evtl. Mitbeteiligte und somit noch andere Steuerfälle aufdecken und dadurch die Mehreinnahmen des Staates steigern sollen.

Im Rahmen der oben genannten Erkenntnismethoden können steuerlich relevante Tatsachen von Dritten auftauchen, die beim Finanzamt die Kontrollmitteilung auslösen.

Hinweise durch Kontrollmitteilungen – Sie ahnen von nichts

Kontrollmitteilungen stellen ein wichtiges Arbeitsmittel der Finanzverwaltung dar, die Gesetzmäßigkeit und Gleichmäßigkeit der Besteuerung zu überprüfen.
Wann und wie oft Sie von solchen Kontrollmitteilungen betroffen sind, können Sie nicht beeinflussen. Sie selbst werden erst damit konfrontiert, wenn Ihr Sachbearbeiter feststellt, daß von einem anderen Steuerzahler Zahlungen an Sie erfolgt sind, die in Ihren Steuererklärungen offensichtlich nicht enthalten sind.
Wichtig: Haben Sie immer alle Einkünfte ordnungsgemäß versteuert, müssen Sie Kontrollmitteilungen nicht befürchten.

<u>Das Beispiel mit der Aufwandsentschädigung:</u>

Weil Sie in Ihrer Firma eine wichtige Rolle bei der Vergabe von Aufträgen ausüben, werden Sie gelegentlich von Lieferanten hofiert. Nun könnte einer dieser Lieferanten durchaus auf die Idee kommen, Sie zu einem Kurzurlaub in ein schönes Hotel einzuladen. Sie nehmen an. Und bei Ihrer Ankunft finden Sie auf dem Zimmer ein kleines Kuvert vor, in dem ein paar Tausender stecken. Als Aufwandsentschädigung für die Mühen Ihrer Anreise, erklärt man Ihnen am Abend an der Bar – hinter vorgehaltener Hand. Und ganz beiläufig bittet man Sie vielleicht auch noch, den Empfang zu bestätigen. ›Damit mein Chef auch sieht, daß ich das Kuvert nicht selbst eingesteckt habe, ha, ha, ha‹, erklärt Ihnen Ihr Gegenüber. Doch tatsächlich dient die Bestätigung dann als Beleg für die Buchhaltung – die Zahlung wird dort als Betriebsausgabe verbucht. Und bei der nächsten Prüfung könnte ein Finanzbeamter über diese an Sie geleistete Zahlung eine Kontrollmitteilung schreiben. Die geht an Ihr Finanzamt mit der Bitte, die Versteuerung dieses Geldes durch Sie zu überprüfen.

Die Kontrollmitteilung im Einzelfall – der Normalfall

Hier werden Daten und Informationen gesammelt und zwischen den Finanzbehörden (auch innerhalb eines Finanzamtes) weiterverarbeitet, um kleinen oder größeren Steuersündern auf die Schliche zu kommen.

<u>Das Beispiel mit der Putzhilfe:</u>

Frau Schmitz ist Rentnerin und zu 50 % schwerbehindert. Sie setzt in Ihrer Einkommensteuererklärung Kosten für eine Haushaltshilfe von jährlich DM 1800,– als außergewöhnliche Belastungen ab. Namen und Anschrift muß sie in ihrer Steuererklärung angeben. Die Sachbearbeiterin der Frau Schmitz schickt eine Kontrollmitteilung an das Finanzamt der Putzhilfe. Diese erhält zunächst ein Schreiben ihres Finanzamtes mit der Bitte um Überprüfung, ob für das betreffende Kalenderjahr selbständige Einkünfte vorgelegen haben.

> 💣 Das Tückische an der Sache ist, daß das Finanzamt der Betroffenen zunächst keine Angaben über die Höhe der festgestellten Einkünfte macht, damit diese aus Angst vor weiteren Schritten in jedem Falle ganz auspackt.

Die Putzhilfe meldet die betreffenden Einnahmen nach. Entspricht die Höhe des nachgemeldeten Betrages der Kontrollmitteilung, ergeht ein geänderter Steuerbescheid. Liegt die Nachmeldung betragsmäßig niedriger, wird die Betroffene nochmals angeschrieben, erst wenn weitere Nachfragen nichts nützen, erfolgt eine Änderung des Steuerbescheides aufgrund der Kontrollmitteilung des Finanzamtes.

<u>Das Beispiel mit der vermieteten Wohnung:</u>

Die Eheleute Schlau vermieten eine Eigentumswohnung, die bar aus unversteuerten Nebeneinkünften bezahlt wurde. Die Mieteinnahmen werden nicht versteuert. Das geht auch jahrelang gut. Der Mieter der Familie Schlau aber macht eines Tages ein häusliches Arbeitszimmer in seiner Einkommensteuererklärung geltend – bei seinen Einkünften aus nichtselbständiger Tätigkeit als Lehrer. Sein Finanzamt fordert eine Kopie des Mietvertrages an. Das Finanzamt hat somit auch die Daten der Vermieter und schickt eine Kontrollmitteilung an deren Wohnsitzfinanzamt zur Überprüfung der zutreffenden Besteuerung der Mieteinnahmen.
Der Steuerfall wird neu aufgerollt, die Eheleute Schlau müssen nicht nur für Jahre rückwirkend die Mieteinkünfte nachversteuern (plus Zinsen), sondern auch die Finanzierung der Wohnung deklarieren.
Da diese aus Schwarzgeld erworben wurde, wird aus der lächerlichen Kontrollmitteilung ein Steuerfahndungsfall, es sei denn, die Finanzierung kann durch private Darlehen und schenkungsteuerfreie Schenkungen nachgewiesen werden, was sich jedoch rückwirkend immer als schwierig erweist.

Die Kontrollmitteilung im Rahmen einer Außenprüfung

Sind Sie selbständig oder gewerblich tätig, kann das Finanzamt im Rahmen einer Außenprüfung (nach §§ 193 AO) Ihre tatsächlichen Besteuerungsgrundlagen bzw. die Ordnungsmäßigkeit Ihrer abgegebenen Jahresabschlüsse und Steuererklärungen überprüfen. Diese Großbetriebsprüfung bezieht sich auf die drei zuletzt dem Finanzamt vorliegenden Veranlagungsjahre.
Bei einer solchen Außenprüfung kontrolliert der Betriebsprüfer sämtliche Rechnungen und Buchhaltungsunterlagen. Er kann somit nicht nur die Verhältnisse des zu prüfenden Steuerpflichtigen selbst, sondern auch die Verhältnisse dritter Personen durchleuchten.
Entdeckt er dabei z. B. Zahlungen an Dritte, die der zu prüfende Steuerpflichtige als Betriebsausgaben abgesetzt hat, so kann er nach dem Zufallsprinzip willkürlich eine Kontrollmitteilung an das Finanzamt des anderen schicken.
Fast automatisch werden Kontrollmitteilungen geschrieben bei

- Zahlungen an nebenberuflich Tätige,
- einmalige, sehr hohe Zahlungen, die nicht geschäftsüblich sind,
- außergewöhnlichen Zahlungswegen (z. B. auf Auslandskonten),
- häufigen Zahlungen des Steuerpflichtigen, die offenbar nicht als Betriebsausgaben hätten abgezogen werden dürfen,
- Feststellung von geldwerten Vorteilen, die die Privatsphäre des Dritten betreffen (gewährte Rabatte, Boni, Firmenwagen, Werkswohnungen).

So können dann also für das Finanzamt plötzlich steuerlich relevante Sachverhalte ans Tageslicht kommen, die Sie schon längst ad acta gelegt hatten.

> 💣 Eine im Rahmen der Außenprüfung ergangene Kontrollmitteilung kann sich sowohl auf das nicht erklärte Vermögen als auch auf nicht erklärte Einnahmen beziehen! Tückisch ist, daß das eine oft das andere nach sich zieht.

Allerdings gibt es da eventuell doch noch Möglichkeiten, den Kopf aus der Schlinge ziehen zu können – wir gehen darauf in Kapitel 7 ein.

Das Beispiel mit dem schwarz bezahlten Haus:

Elektromeister Kabel hat Geschäftsräume von Herrn Müller gemietet, der die Vermietungseinkünfte nicht versteuert. Aufgrund einer Betriebsprüfung bei Herrn Kabel erfährt das Finanzamt des Herrn Müller durch eine Kontrollmitteilung von dem Sachverhalt. Es stellt sich dabei heraus, daß Herr Müller das Haus aus Schwarzgeld gebaut hat. Somit hat Herr Müller nicht nur jahrelang laufende Einnahmen hinterzogen, sondern sogar schwarzes Vermögen gebildet. Hier wird dann die Steuerfahndung eingeschaltet.

Das Beispiel mit den Tennisprämien:

Der Tennisspieler Gräf bekommt von seinem Verein Preis- und Nenngelder und erhält Werbeeinnahmen eines Getränkefabrikanten. Wie in der Welt des weißen Sports nicht unüblich, wird die Versteuerung dieser Einnahmen übersehen. Diese Einnahmen stellen jedoch sowohl beim Verein als auch bei der Getränkefirma abzugsfähige Betriebsausgaben dar.
Im Falle einer Betriebsprüfung hat das Finanzamt Einsichtnahme in die Belege und Buchhaltungsunterlagen und entdeckt die Zahlungen an Herrn Gräf. Sofort ergehen Kontrollmitteilungen an das Finanzamt des Tennisspielers, dem jetzt die Beweispflicht obliegt, ob er diese betreffenden Einnahmen versteuert hat oder nicht.

Das Beispiel mit der reichen Tante:

Herr Brauer betreibt eine Gaststätte und hat von seiner Tante ein Geschäftsdarlehen in Höhe von DM 250 000,– für die Übernahme des Inventars erhalten. Im Rahmen der Betriebsprüfung bei Herrn Brauer schickt das Finanzamt eine Kontrollmitteilung an das Finanzamt der Tante. Es stellt sich heraus, daß diese die erhaltenen Zinsen aus dem gewährten Darlehen in Höhe von jährlich 6 %, also jeweils DM 15 000,–, bisher nicht versteuert hat.

☺ Kontrollmitteilungen können immer dann nicht ergehen, wenn die Zahlungen in bar ohne jegliche Quittung geflossen sind. Dann fehlt es am belegmäßigen Nachweis, da die Zahlungen auch nicht auf Kontoauszügen erscheinen.

Sobald die Zahlungen jedoch beim Zahlungsverpflichteten steuerlich abzugsfähige Werbungskosten oder Betriebsausgaben darstellen, wird (und muß) dieser auf einer ordnungsgemäß ausgestellten Rechnung bestehen.

Kontrollmitteilungen der Zolldienststellen an das Finanzamt

Zolldienststellen geben an die Finanzämter im Rahmen einer durchgeführten Betriebsprüfung Informationen weiter. Dies betrifft z. B. festgestellte

- Überfakturierungen,
- Unterfakturierungen,
- Zahlungen überhöhter Kommissionsgebühren,
- Abweichungen zwischen Inventurbeständen und amtlich festgestellten Beständen.

Kontrollmitteilungen im Rahmen von Grundstückserwerben

Grundstückskäufe (von unbebauten sowie von bebauten) werden in Deutschland stets notariell beurkundet. Dabei hat der Notar seine beruflichen Anzeigepflichten zu erfüllen. Er informiert u. a. das Finanzamt über den Kauf, damit die zutreffende Grunderwerbsteuer festgesetzt werden kann.
Gleichzeitig erhält das Finanzamt Erkenntnisse über steuerliche Sachverhalte des Veräußerers und des Erwerbers.

<u>Erkenntnisse beim Veräußerer:</u>

- Ist ein Spekulationsgewinn entstanden? Das wäre der Fall, wenn zwischen Kauf und Verkauf nicht mehr als zwei Jahre liegen.
- Wie wurde das Grundstück in der Vergangenheit genutzt, wurden evtl. Mieteinnahmen versteuert?
- Wozu wird der Verkaufserlös verwendet? Falls das Kapital angelegt wird: Werden die Zinsen versteuert?
- Falls bis zum 31. 12. 1996 eine Vermögensteuerpflicht bestand: Wurde das veräußerte Grundstück in der Vergangenheit deklariert?

<u>Erkenntnisse beim Erwerber:</u>

- Der Erwerber erhält einen Fragebogen von der Grunderwerbsteuerstelle, in den er neben den persönlichen Daten auch die Steuer-Nummer und die künftige Nutzung des Grundstückes eintragen muß.
- Die Veranlagungsstelle (die u. a. für die Einkommensteuer des Steuerpflichtigen zuständig ist) wird somit schon bestens informiert.
- Der Erwerber muß die Finanzierung des Grundstückes offenlegen. Falls die Immobilie mit Schwarzgeld (ganz oder zum Teil) erworben wurde, sieht es schwarz aus für den Steuerpflichtigen.

- Es wird in jedem Fall geprüft, ob das eingesetzte Eigenkapital in früheren Vermögensteuererklärungen und die Erträge daraus in den Einkommensteuererklärungen der vergangenen Jahre enthalten waren. Falls niemals eine Vermögensteuerpflicht bestand, wird geprüft, ob diese unter Hinzurechnung des neu festgestellten Vermögens (Kapitalvermögen) doch entstanden wäre.

Kontrollmitteilungen bei Todesfällen

Im Todesfall eines Steuerpflichtigen sind Banken, Gerichte, Vermögensverwalter und Notare (wegen des Testaments) auskunftspflichtig.
Sämtliche Banken müssen dann der Erbschaftsteuerstelle des Finanzamtes Kontostände, vorhandene Depots und Schließfächer melden. Insofern wird das sonst heilige Bankgeheimnis in diesen Fällen durchbrochen.

> Diese Kontrollen bringen den Finanzämtern oft neue Erkenntnisse und viel Geld in die Staatskasse.

Der Erblasser (Verstorbene) kann zu den festgestellten Sachverhalten keine Stellung mehr beziehen, diese treffen dann den oder die Rechtsnachfolger, sofern das Erbe nicht ausgeschlagen wird.
Wird das Erbe angetreten, fordert das Finanzamt die Abgabe einer Erbschaftsteuererklärung, sofern überschlägig unter Berücksichtigung der sachlichen und persönlichen Freibeträge eine Erbschaftsteuerpflicht entsteht.

<u>Beim Rechtsnachfolger (dem Erben) wird geprüft:</u>

- Wird das erbschaftsteuerpflichtige Vermögen der Höhe nach zutreffend erklärt?
- Werden die Nachlaßverbindlichkeiten und Erbfallkosten ausreichend nachgewiesen?

Der Rechtsnachfolger haftet für alle eventuell bestehenden Steuerschulden des Erblassers und dies für die letzten zehn Jahre! Deshalb wird insbesondere geprüft:

- Wurde das vererbte Vermögen in den Einkommensteuererklärungen und Vermögensteuererklärungen sowie evtl. sonstigen Steuererklärungen (Körperschaftsteuererklärungen, Umsatzsteuererklärungen) der Höhe nach zutreffend erfaßt?

Falls nicht, haftet der Rechtsnachfolger für diese Altschulden. Denn hat er einmal das Erbe angetreten, kann er nicht mehr zurück. Insofern empfiehlt sich eine frühzeitige Überprüfung durch einen Steuerberater, ob und wie hoch die steuerlichen Verbindlichkeiten ausfallen könnten.

- Weiter wird geprüft, ob das ererbte Vermögen (Zinseinkünfte aus Anlagen des ererbten Geldes, Mieteinkünfte aus ererbten Immobilien) in den künftigen Steuererklärungen des/der Erben zutreffend erfaßt wird.

Dieses Vermögen kann ja nicht einfach unter den Tisch fallen, sondern höchstens wegen eines kostspieligen Lebensstils langsam verschwinden.

> Das Erblasser-Finanzamt erhält von der Erbschaftsteuerstelle eine Kontrollmitteilung, soweit der Reinwert des vererbten Vermögens DM 250 000,– übersteigt oder das vererbte Kapitalvermögen DM 50 000,– übersteigt. Das Finanzamt des Erben wird informiert, wenn der Nachlaßwert DM 50 000,– beträgt.

Weitere Kontrollmitteilungen (mit denen kaum einer rechnet)

Diese können aufgrund der Anzeigepflicht von Gerichten und Behörden bei Verdacht einer Steuerstraftat ergehen. Typisches Beispiel hierfür wäre ein Strafverfahren wegen Bestechung oder Bestechlichkeit. Die steuerliche Seite muß in diesem Verfahren gar keine Rolle spielen. Stellt sich im Laufe des Verfahrens aber heraus, daß tatsächlich Vorteile gewährt wurden und zum Beispiel Gelder flossen, bekommen die Finanzbehörden entsprechende Hinweise.

Was haben alle Kontrollmitteilungen gemeinsam?

1. Die Kontrollmitteilungen werden stets an das Finanzamt geschickt, in dessen Bezirk der Steuerpflichtige seinen Wohnsitz hat. Bei juristischen Personen (GmbH, Aktiengesellschaft) werden die Mitteilungen an den Veranlagungsbezirk der Geschäftsleitung geschickt.
2. Der Betroffene bzw. die Betroffenen werden bei der ersten Mitteilung über die Kontrollmitteilung unterrichtet, damit ihnen rechtliches Gehör gewährt wird. Hierzu gehört auch, daß der Steuerpflichtige nochmals auf die gesetzlichen Bestimmungen der Abgabenordnung und auf seine Aufzeichnungs- und Erklärungspflichten hingewiesen wird.
3. Jetzt hat der Steuerpflichtige Gelegenheit zur Stellungnahme und gegebenenfalls zur Selbstanzeige, damit es außer zu einer Nachversteuerung nicht zu steuerstrafrechtlichen Konsequenzen kommt (siehe Kapitel 7).

Und dann war da noch die Sache mit den Zufällen

Es sind oft dumme, saudumme Zufälle, die Ihnen beim Finanzamt eine Menge Ärger einhandeln können. Und nicht selten sind es gerade diese Umstände, die eine Schwarzgeld-Falle dann mit lautem Getöse zuschnappen lassen.

Das Beispiel mit dem Sachbearbeiter-Wechsel

Sie besitzen ein Sechsfamilienhaus und vermieten auch alle sechs Wohnungen, versteuern aber nur vier Wohnungsmie-

ten. Das ging auch jahrelang gut, und Sie wiegen sich in Sicherheit, daß dies auch für die Zukunft funktioniert.
Dann aber wechselt Ihr Sachbearbeiter beim Finanzamt, und der Nachfolger arbeitet genauer. Er möchte lückenlos für die zwölf Monate des Veranlagungsjahres Kontoauszüge über die eingegangenen Mieten sehen. Aus diesen Kontoauszügen gehen jedoch sechs monatliche Wohnungsmieten hervor – die Steuerfalle schnappt zu.

> Auch wenn Sie Ihre Miete in bar kassieren, kann das Finanzamt irgendwann dahinterkommen. Wenn Ihr Haus als Sechsfamilienhaus abgenommen wurde, können Sie irgendwann gefragt werden, was ist mit den angeblich leerstehenden Wohnungen? Falls Sie jetzt angeben, diese (schwarz vermieteten) Wohnungen würden Sie selbst nutzen, so erfolgt eine Kürzung der Werbungskosten, die Sie für die Wohnung anteilmäßig in Ihrer Steuererklärung absetzen können.

Schwarzvermietung ist schon alleine deshalb gefährlich, weil die Wohnungsmieter ja in der betreffenden Wohnung gemeldet sind und evtl. noch bei weiteren Ämtern registriert sind (z. B. bei Wohnungsämtern wegen der Wohngeldgewährung).

Das Beispiel mit dem Restaurantbesuch

Angenommen, Sie besitzen ein Restaurant, und Ihr Sachbearbeiter beim Finanzamt ist zufällig Gast in Ihrem Lokal. Er liest logischerweise die Speisekarte. Dabei stellt er fest, daß die Preise nicht im Verhältnis zum Gewinn stehen und das Lokal zudem noch gut frequentiert ist.
Da die Betriebsprüfer bestimmte Kennzahlen für das Verhältnis von Preisen zu Umsatz und Gewinn haben, kann bei einem offenbaren Mißverhältnis eine Mitteilung an die Betriebsprüfungsstelle gelangen.

Das Beispiel mit den Fahrkosten

Angenommen, Sie und Ihr Ehegatte sind Arbeitnehmer, arbeiten beide in derselben Stadt, und die Fahrtstrecke zwischen Wohnung und Arbeitsstätte beträgt täglich 45 Entfernungskilometer.
Jeder der Ehegatten setzt in der Anlage N der Einkommensteuererklärung die Fahrtkosten als Werbungskosten ab, was bei der Kilometerzahl bei 230 Arbeitstagen für jeden Ehegatten DM 7245,– ausmacht. Bei einem unterstellten Steuersatz (incl. Kirchensteuer und Solidaritätszuschlag) von 40 % macht dies bei beiden Ehegatten insgesamt eine effektive Steuerersparnis von DM 5796,– aus.
Das funktioniert auch jahrelang einwandfrei, bis der Sachbearbeiter der Veranlagungsstelle die beiden Autokennzeichen wissen will und die Versicherungspolice bzw. Prämienrechnungen für die beiden Fahrzeuge anfordert. Jetzt müssen Sie zu Ihrer Schande gestehen, daß Sie eigentlich nur ein Fahrzeug besitzen und kein weiteres auf Sie angemeldet ist.
Der Sachbearbeiter wird bei einem der Ehegatten die Kilometer streichen und nur die evtl. Umwegkilometer anerkennen, da ein Ehegatte den anderen zur Arbeit gefahren hat.
Für alle zurückliegenden Veranlagungsjahre, die noch unter dem Vorbehalt der Nachprüfung nach § 164 AO stehen, werden die Steuerbescheide zu Ihren Ungunsten geändert, es sei denn, Sie können nachweisen, daß Sie sich immer ein zweites Fahrzeug geliehen haben, wenn Ihnen der Halter dies bestätigt.

Eigene Schusseligkeit – da freut sich das Finanzamt besonders

Durch eigene Fehler fallen viele Steuersünden auf. Ein typischer Fall ist es, wenn Unbelehrbare ihre Steuererklärung

ohne fachliche Hilfe ausarbeiten und sie dann noch persönlich bei ihrem Sachbearbeiter des Finanzamtes abgeben.
Der Finanzbeamte findet dann immer etwas, streicht Aufwendungen oder entdeckt in nicht wenigen Fällen Schwarzgeld; entweder, weil der Steuerpflichtige zu redselig ist oder Unterlagen vorlegt, aus denen Schwarzeinnahmen oder Schwarzvermögen hervorgehen.

Das Beispiel mit den fehlenden Zinsen

Sie geben erstmalig in Ihrer Einkommensteuererklärung eine Anlage für Einkünfte aus Vermietung und Verpachtung ab, erklären Ihre Mieteinkünfte und subtrahieren hiervon die Ausgaben incl. Abschreibung. Wunderbar – das ist alles richtig. Aber dem Finanzbeamten fällt auf, daß Sie keine Schuldzinsen geltend gemacht haben, worauf Sie bestätigen, daß Sie alles bar bezahlt haben.
Der Finanzbeamte fragt in jedem Fall nach der Finanzierung des Objektes, egal, wieviel Eigenkapital darin steckt. Falls Sie nun aber keine Erbschaft oder Schenkung oder ein Privatdarlehen nachweisen können, so wird die Steuerfahndung informiert.

> Wenn abends nebenbei Fliesen verlegt oder Teppiche verklebt werden, ist es immer riskant, das schwarz eingenommene Geld in ein steuerlich relevantes Vorhaben zu investieren, für das Sie die Kapitalherkunft nachweisen müssen.

Prüfen Sie immer genau, welche Unterlagen Sie dem Finanzamt zu Ihren Steuererklärungen einreichen, lieber etwas zuwenig als zuviel. Dies gilt insbesondere für Kontoauszüge, aus denen sich Querverbindungen mit Auslandskonten nachvollziehen lassen oder unversteuerte Zinsen oder Dividenden ersichtlich sind. Größere Bareinzahlungen fallen dem Finanzamt besonders auf.

Wer Schwarzgeld besitzt oder verdient, für den gelten ein paar Grundregeln

›Reden ist Silber – Schweigen ist Gold‹ – diese Devise gilt hier besonders, denn wer mit seinem Schwarzgeld noch prahlt oder hausieren geht, dem ist nicht zu helfen.
Wer im Stillen genießt, hat keine Mitwisser und ist vor Anzeigen von außen schon einmal geschützt.
Kehren Sie Ihren unversteuerten Wohlstand nicht nach außen, fahren Sie keinen nagelneuen Ferrari, wenn Sie als kleiner Arbeitnehmer beschäftigt sind und keiner offiziellen lukrativen Nebentätigkeit nachgehen. Dann können Sie weder den Argwohn Ihrer Mitmenschen noch den des Finanzamtes wecken, die Sie sehr schnell fragen würden, wie Sie die Luxuskarosse finanziert haben.

> 💣 Das Finanzamt erfährt z. B. von Ihrem Autokauf, wenn Sie die Versicherungsprämienrechnung zu Ihrer Steuererklärung einreichen, da Sie die Haftpflichtversicherungsbeiträge als Sonderausgaben absetzen.

Sind Sie selbständig, so kann der Autobesitz durch die Betriebsprüfung auffallen.
Schwarzgeld gehört, so lautet ein ungeschriebenes Gesetz, immer in den privaten Konsum – nie aufs Konto!
Sobald Ihr geheimes Geld irgendwo schwarz auf weiß auftaucht, ist es gar nicht mehr schwarz, sondern leicht entdeckbar.
Geben Sie Ihr geheimes Geld für private Lebenshaltungskosten aus, fahren Sie in Urlaub, kaufen Sie davon schicke Kleidung, neue Möbel, die sehen Außenstehende nur, wenn Sie sie in Ihre Wohnung lassen!
Schwarzgeld darf nie zur Tilgung von Verbindlichkeiten dienen, ausgenommen kleinere private Darlehen, die nirgendwo erscheinen und steuerlich nicht relevant sind.

Falls Sie Verbindlichkeiten haben, deren Zinsen Werbungskosten oder Betriebsausgaben darstellen, so bekommen diese Vorgänge steuerliche Bedeutung, weil Sie in Ihrem Jahresabschluß und/oder Steuererklärungen erscheinen.
Falls Sie hohe Sondertilgungen leisten, so wird das Finanzamt schnell fragen, woher Sie plötzlich soviel Eigenkapital aufbringen konnten.
Auch bei einem selbstgenutzten Eigenheim fragt Sie das Finanzamt nach der Finanzierung, falls Sie die Eigenheimzulage beanspruchen oder die frühere steuerliche Förderung von Wohneigentum (§ 10 e EStG).
Wenn Sie Ihr hart verdientes geheimes Geld auch als solches erhalten möchten, müssen Sie alles wasserdicht machen. Dazu gehört insbesondere, daß Sie möglichst wenige Mitwisser haben, und wenn Sie ohne diese nicht auskommen, sollten Sie sicher sein, daß diese nicht eines Tages beim Finanzamt ›singen‹, was leider am häufigsten bei angeblich dicken Freunden oder verprellten Liebhabern und Ehepartnern vorkommt.
Sie müssen die Vorgehensweise der Finanzbeamten (Veranlagungsbeamte, Betriebsprüfer und Steuerfahnder) kennen, um auf deren hinterlistige Fragen die richtige und schlüssige Antwort parat zu haben.
Sie dürfen keine Fehler machen und müssen Ihr wirtschaftliches Handeln ständig so ausbalancieren, daß Ihre ›Nebenkasse‹ unentdeckt bleibt.
Für ein geheimes Vermögen bedeutet das: Sie müssen im Ernstfall damit rechnen, daß Ihr Schwarzvermögen entdeckt wird (siehe Kontrollmitteilungen), deshalb sollten Sie sofort die Finanzierung dieses Vermögens schlüssig darlegen können. Dies sollten Sie für den Ernstfall vorbereitet haben.

Das Beispiel mit der Segeljacht:

Angenommen, das Finanzamt kommt dahinter, daß Sie in Monte Carlo eine Jacht im Wert von ca. DM 350 000,– liegen haben. Diese können Sie finanziert haben aus

- laufenden (versteuerten) Einnahmen,
- Schenkungen oder Erbschaften im Rahmen der Freibeträge,
- Bankdarlehen und privaten Darlehen (auch zinslose), Nachweise müssen vorgelegt werden,
- Verkauf von Privatvermögen (Schmuck etc., jedoch aufpassen, daß Sie damit nicht rückwirkend vermögensteuerpflichtig werden),
- Verkauf von Immobilien (die nicht mit Schwarzgeld finanziert wurden und bei Vermögensteuerpflicht auch deklariert wurden).

Was bedeutet das für laufende Schwarzeinnahmen?

Bei Selbständigen müssen Wareneinkauf und Betriebseinnahmen stimmen (siehe Kapitel 1), wenn Sie kiloweise weißen Zucker kaufen, unterstellt der Betriebsprüfer eine bestimmte Menge verkauften Kaffees/Cappuccino/Espresso. Wenn Sie diesbezüglich zuwenig Einnahmen verbucht haben, erfolgen Hinzuschätzungen.
Das heimliche, laufend verdiente Geld darf nie auf ein Konto, weder privat noch geschäftlich. Dies gilt für Girokonten und für Sparbücher.
Betriebsausgaben und/oder betriebliche Investitionen dürfen nie mit Schwarzgeld getätigt werden. Auch wenn Sie den neuen LKW in bar bezahlen können, finanzieren Sie diesen über Kredit und verleben das Geld oder vergolden Ihre Wasserhähne.
Achten Sie jedoch auch auf ausreichende Privatentnahmen, sonst fragt der Prüfer, wovon Sie gelebt haben.
Wenn Sie als Angestellter abends etwas dazuverdienen, gilt ähnliches. Kein Schwarzgeld darf auf einem Konto oder Sparbuch landen, es darf keine Verwendung von Schwarzgeld bei Investitionen erfolgen, die steuerlich relevant sind (Immobilien, Wertpapiere).

> Sobald Sie für Ihre Nebentätigkeit eine Quittung unterschreiben, sind Ihre Einnahmen schwarz auf weiß dokumentiert und nachweisbar!

Erstens hat der Besitzer der Quittung immer den Nachweis über Ihre durchgeführte Tätigkeit und Entlohnung und kann Sie im Ernstfall oder bei Streitigkeiten damit erpressen, falls ihm bekannt ist, daß Sie diese Einnahmen nicht versteuern.
Zweitens müssen Sie damit rechnen, daß der Rechnungsbetrag dieser Quittung als Werbungskosten oder Betriebsausgaben in der Steuererklärung des Beschäftigungsgebers abgezogen wird, was zu den unbequemen Kontrollmitteilungen führen kann, und dann sind Sie zunächst arm dran!

Wenn gegen Sie ein Verdacht besteht: Still und leise braut sich was zusammen

Als Arbeitnehmer fügen Sie Ihren Einkommensteuererklärungen stets alle Belege bei, so daß das Finanzamt sofort bei der Veranlagung eine Kontrolle durchführen kann. Bei Selbständigen ist das aufgrund des wesentlich umfangreicheren Belegwerkes kaum möglich. Das erscheint zwar gegenüber den Arbeitnehmern ungerecht. Aber ›schummeln‹ ist auch für sie nicht ungefährlich. Denn sie müssen eigentlich immer mit mehr oder weniger regelmäßigen Betriebsprüfungen rechnen, bei denen sämtliche für sie zutreffende Steuerarten geprüft werden. Diese Betriebsprüfungen heißen Außenprüfungen, da sie außerhalb des Finanzamtes stattfinden.

Sonderformen der Außenprüfungen

- Lohnsteueraußenprüfungen können ins Haus stehen, wenn Sie als Selbständiger festangestellte Arbeitnehmer oder pauschalbesteuerte Aushilfskräfte beschäftigen. Das Finanzamt prüft, ob Sie als Arbeitgeber ordnungsgemäß alle Lohnsteuern, Kirchensteuern und Solidaritätszuschläge abgeführt haben.
- Umsatzsteuersonderprüfungen finden bei Unternehmern oder Vermietern statt, wenn diese gewerblich mit Umsatzsteuer vermieten oder an ein Gewerbe vermieten. Hier prüft das Finanzamt, ob alle Aufzeichnungen ordnungsgemäß durchgeführt wurden, alle steuerpflichtigen Um-

sätze versteuert wurden und ob die Vorsteuerbeträge richtig ermittelt wurden. Insbesondere wird geprüft, ob die Vorsteuerbeträge (Mehrwertsteuer, die in Ihren Eingangsrechnungen enthalten ist und die Sie wieder von der zu zahlenden Mehrwertsteuer abziehen) richtig ermittelt wurden und ob die dazugehörigen Rechnungen die Mehrwertsteuer ausweisen.
- Die Steuerfahndungsprüfung ist auch eine Außenprüfung – darauf gehen wir später aber noch gesondert ein.

Wann droht wem eine Prüfung?

Das legt allein das Finanzamt fest, dort wird die sogenannte Fallauswahl getroffen. Und dabei wird ein Teil der Prüfungsfälle immer nach dem Zufallsprinzip ausgewürfelt. Grund: So hat theoretisch jedes Unternehmen die Chance (oder das Risiko), einmal ›dran‹ zu sein – und der vom Verfassungsgericht verlangten Steuergerechtigkeit ist Genüge getan. Ein anderer, erheblich größerer Teil von Betrieben aber wird gezielt geprüft. Dies geschieht zum Beispiel,

- wenn die Veranlagungsstelle aufgrund vermuteter Unstimmigkeiten ein Prüfungsersuchen an die Betriebsprüfungsstelle stellt,
- wenn bei der letzten Außenprüfung schon ein ordentliches steuerliches Mehrergebnis zu verzeichnen war.

Die Durchführung der Prüfung – so läuft sie ab

Sie erhalten zunächst einige Wochen vor Prüfungsbeginn die schriftliche Bekanntgabe der Prüfungsanordnung (§ 197 Abs. 1 AO), in der das Datum des Prüfungsbeginns, der Name des Prüfers sowie der Umfang einer Außenprüfung bekanntgegeben werden.

☺ Der Betriebsprüfer erscheint nicht unangemeldet. Ohne die vorherige schriftliche Prüfungsanordnung brauchen Sie diesen gar nicht erst hereinzulassen.

Diese Prüfungsanordnung sollten Sie Ihrem Steuerberater vorlegen und zusammen mit diesem entscheiden, ob Ihnen das Datum der anberaumten Außenprüfung genehm ist oder nicht. Sie können die Prüfung unter Angabe einer stichhaltigen Begründung verschieben, z. B. wegen Urlaub, Geschäftsreisen, Krankheit, personalbedingter Abwesenheiten usw. Die Ursachen der Verschiebung können bei Ihnen oder Ihrem steuerlichen Berater liegen. Der Antrag sollte schriftlich gestellt werden.
Die Außenprüfung findet entweder in Ihren Geschäftsräumen oder bei Ihrem steuerlichen Berater statt, wobei Sie immer letzteres wählen sollten. Dafür gibt es folgende Gründe:

- Der Prüfer kann seine Nase nicht überall hineinstecken, er kann Ihre betrieblichen Abläufe nicht in Augenschein nehmen, was in manchen Fällen für den Steuerpflichtigen vorteilhaft ist.
- Der Prüfer kann weder Ihr Personal noch Familienangehörige ausfragen, die keinesfalls durchschauen können, worauf der Prüfer mit seinen scheinbar harmlosen Fragen eigentlich hinauswill.
- Findet die Prüfung im Büro des Steuerberaters statt, hat dies den Vorteil, daß der Berater während der Prüfungsdauer immer zugegen ist und sofort die für den Steuerpflichtigen günstigste Antwort liefern kann.
- Der Steuerberater kennt die Tricks der Prüfer und läßt sich nicht ›ausquetschen‹. Er antwortet sachlich, präzise, nicht ausschweifend und ausschließlich im Sinne des Mandanten. Er muß jedoch bei der Wahrheit bleiben.
- Der Steuerberater weiß, daß der Prüfer schon die nächsten Prüfungstermine für andere Steuerpflichtige fest im Ter-

minkalender hat. Wenn er jetzt durch geschickte Ablenkungsmanöver Zeit schinden kann, so hat der Prüfer nicht soviel Gelegenheit, in die Tiefe zu gehen. Dies darf jedoch nicht zu offensichtlich geschehen.

Das sind die Mitwirkungspflichten bei der Außenprüfung

Die bei der Außenprüfung beteiligten Personen trifft eine Mitwirkungspflicht. Der Steuerpflichtige kann hierzu auch einen Bevollmächtigten legitimieren (Steuerberater, Rechtsanwalt) und darüber hinaus noch andere Auskunftspersonen (Mitarbeiter) benennen.
Die Auskunftsperson darf jedoch nur Auskünfte erteilen, während der Bevollmächtigte auch Entscheidungsbefugnisse hat, z. B. zur Abgabe von den Steuerpflichtigen bindenden Willenserklärungen.
Bei juristischen Personen trifft den Geschäftsführer die Mitwirkungspflicht, wobei der Prüfer sich auch an die Gesellschafter halten kann.

> 💣 Falls dem Betriebsprüfer die Auskünfte der benannten Auskunftspersonen zu ›dünn‹ sind und er in dem Fall anders nicht weiterkommt, kann er auch andere Betriebsangehörige befragen, wobei dies dem zu prüfenden Steuerpflichtigen mitgeteilt werden muß. Er soll vorher Gelegenheit haben, eine andere Auskunftsperson zu legitimieren.

Dies ist ganz wichtig, damit der Prüfer nicht wahllos Ihre Mitarbeiter ausfragt, durch deren unbedachte Äußerungen Sie vielleicht Unannehmlichkeiten in Form hoher Steuernachzahlungen (oder sogar ein Strafverfahren) erwarten könnten.

> ☺ Diese unkontrollierbare Ausfragerei entfällt natürlich, wenn die Außenprüfung in den Büroräumen Ihres Steuerberaters stattfindet!

Hat der zu prüfende Steuerpflichtige eine Auskunftsperson benannt, so wendet sich der Prüfer in erster Linie an diese. Deshalb sollten Sie die Auskunftsperson entsprechend informieren, damit die Auskünfte in Ihrem Sinne ausfallen und Sie während der Prüfung getrost Ihrer Arbeit nachgehen können.

Während einer Lohnsteueraußenprüfung müssen auch die Arbeitnehmer im Unternehmen jede vom Prüfer gewünschte Auskunft bezüglich **Art** und **Höhe** ihrer Einnahmen geben, auch wenn der Mitarbeiter kein fest angesteller Arbeitnehmer ist, sondern freiberuflich mitarbeitet.

☺ Ein Arbeitnehmer darf jedoch nicht über Angelegenheiten von Kollegen ausgefragt werden, auch nicht über die Anzahl der noch beschäftigten Mitarbeiter.

Wann die Mitwirkung verweigert werden darf

Grundsätzlich kann der Prüfer nur Auskünfte verlangen, wenn das Mitwirkungsverlangen notwendig ist und dem Steuerpflichtigen zugemutet werden kann. Erst wenn der Prüfer zur Klärung eines wichtigen Sachverhaltes Angaben oder Unterlagen benötigt, muß der Steuerpflichtige diese beibringen.

☺ Würde die Beschaffung der Auskünfte bzw. Unterlagen hohen Aufwand verursachen und nur geringe steuerliche Konsequenzen ergeben, so steht die Mitwirkung des Steuerpflichtigen in keinem Verhältnis mehr zum eventuellen steuerlichen Mehrergebnis für den Prüfer.

Kommt der Prüfer in seinem Prüfungsfall nicht weiter, kann er z. B. ein Auskunftsersuchen an die Bank richten und sich so die entsprechenden Auskünfte einholen. Dies jedoch erst, wenn der Steuerpflichtige sich weigert, die Angelegenheiten mit seiner Bank zu regeln, z. B. wegen ungeklärter Kontoeinzahlungen.
Angehörige können (nach § 101 AO) die Auskünfte verweigern, sofern sie nicht selbst als Beteiligte über ihre eigenen steuerlichen Verhältnisse auskunftspflichtig sind oder die Auskunftspflicht eines Beteiligten zu erfüllen haben.
Ferner existiert noch das Auskunftsverweigerungsrecht zum Schutz bestimmter Berufsgeheimnisse (nach § 102 AO).
Demnach dürfen bestimmte Berufsgruppen die Auskunft verweigern, über Sachverhalte, die ihnen während ihrer Berufsausübung anvertraut wurden. Dies gilt z. B. für

- Steuerberater,
- Rechtsanwälte,
- Notare,
- Wirtschaftsprüfer,
- vereidigte Buchprüfer sowie
- Geistliche,

um den wichtigsten Personenkreis zu benennen.
Für Notare gelten jedoch ungeachtet dessen die gesetzlichen Anzeigepflichten, die sich auch auf die Vorlage von Urkunden und Dokumenten (z. B. Grundstücks-Kaufvertrag) erstrecken.
Wurden die erwähnten Berufsgruppen von ihrer beruflichen Verschwiegenheitspflicht entbunden, so dürfen diese auch die Auskunft nicht verweigern. Dies gilt ebenso für die Erfüllungsgehilfen (Mitarbeiter) dieser Berufsgruppen.

☺ Der Steuerpflichtige kann (nach § 393 Abs. 1 Satz 2 AO) in jedem Fall die Auskunft verweigern, wenn er sich durch diese sonst selbst wegen einer Steuerstraftat oder Steuerordnungswidrigkeit belasten würde.

Beispiel: Wenn Sie genau wissen, daß ein Teil Ihrer Betriebseinnahmen an eine Liechtensteiner Briefkastenfirma geflossen ist, der Prüfer dies entdeckt hat und Sie dafür mit Gefängnisstrafe rechnen müssen, so müssen Sie nicht aussagen und sollten sich auch nicht selbst belasten.

Die Vorbereitung der Außenprüfung

Ganz ohne Mitwirkung des Steuerpflichtigen kann eine Außenprüfung nicht ablaufen. Dies betrifft zunächst Ihre Buchhaltungs-, Aufzeichnungs-, Erklärungs- und Aufbewahrungspflichten bezüglich der Unterlagen. Diese Pflichten gelten völlig unabhängig von einer Betriebsprüfung. Falls eine solche jetzt unglücklicherweise ins Haus steht, müssen Sie sämtliche Unterlagen bereithalten, z. B.

- Finanzbuchhaltungsunterlagen,
- Lohnbuchhaltungsunterlagen,
- Kassenbücher,
- Jahresabschlüsse, Gewinn- und Verlustrechnungen,
- Anlagenverzeichnisse,
- Originalrechnungen (Eingangs- und Ausgangsrechnungen),
- Urkunden, Dokumente, Verträge.

Die Zusammenstellung dieser Unterlagen ist lästig und zeitraubend, darüber hinaus sollte diese noch einmal mit Ihrem Steuerberater durchgesprochen werden. Deshalb ist es ratsam, daß zwischen schriftlicher Prüfungsanordnung und Prüfungsbeginn eine für Sie und den Bevollmächtigten ausreichende Zeitspanne liegt.

Welche Rechte hat der Betriebsprüfer?

Der Betriebsprüfer hat Anspruch auf ein angenehmes Arbeitsklima – egal, ob die Außenprüfung bei Ihnen oder bei Ihrem Steuerberater stattfindet.

☺ Auch wenn es angeblich nicht erlaubt ist, sollten Sie dem Prüfer nicht nur Kaffee und Brötchen hinstellen, sondern ihn auch zum Mittagessen einladen. Bedenken Sie, daß die beim Finanzamt gezahlten Gehälter knapp sind!

Natürlich kann es schnell nach Beamtenbestechung oder Vorteilsgewährung aussehen – aber es ist Fakt, daß Betriebsprüfer sich nicht dagegen wehren, wenn KFZ-Mechanikermeister das Fahrzeug des Mannes vom Finanzamt ohne Rechnung warten oder wenn ihm Einzelhändler generell großzügige Prozente gewähren.
Dem Betriebsprüfer sind Hilfsmittel unentgeltlich zur Verfügung zu stellen, z. B. Büromaterial, Telefon, Rechenmaschine etc. Falls Sie kein Kopier- oder Faxgerät besitzen, müssen Sie dieses nicht beschaffen. In diesem Fall kann der Prüfer jedoch die Unterlagen mitnehmen und im Finanzamt kopieren. Aus diesem Grunde empfiehlt sich auch die Prüfungsdurchführung bei Ihrem Steuerberater, da dieser über sämtliche bürotechnischen Ausstattungen verfügt und keine Unterlagen mitgenommen werden müssen.

Der Prüfer darf eine Betriebsbesichtigung durchführen (§ 200 Abs. 3 Satz 2 AO). Er darf sich alle Betriebsräume und Grundstücke ansehen, um sich ein Bild der betrieblichen Abläufe zu machen, die er sich vom Steuerpflichtigen selbst erklären lassen sollte, eventuell auch in Begleitung des Steuerberaters.

☺ Die privaten Räume des Steuerpflichtigen müssen dem Betriebsprüfer nicht zugänglich gemacht werden. Dies kann nur mit Zustimmung des Steuerpflichtigen geschehen.

Dem Betriebsprüfer sind sämtliche betrieblichen Unterlagen vorzulegen, private Unterlagen jedoch nur dann, wenn sie für die Besteuerung relevant sind. Der Prüfer muß den Anlaß für das Verlangen der Einsichtnahme in Privatunterlagen begründen.

Falls diese Unterlagen nicht vorgelegt werden, erfolgt eine Schätzung, die zu Ihren Ungunsten ausfallen kann.

Bei der Schlußbesprechung ist immer noch etwas zu retten

Nach Beendigung der Prüfung setzen Sie einen Termin für die Schlußbesprechung fest – möglichst im Beisein Ihres Steuerberaters. Er wird oft eine Vermittlungsfunktion zwischen dem Steuerpflichtigen und dem Betriebsprüfer einnehmen, wenn es anders zu keiner für beide Seiten akzeptablen Lösung kommt. Diese Schlußbesprechung sollten Sie wahrnehmen, auch wenn Sie darauf verzichten dürfen. Es können hier noch Kompromisse geschlossen werden, bevor der anschließende Prüfungsbericht ergeht.

☺ Die meisten Betriebsprüfer sind kompromißbereit. Der Prüfer will Ihnen nicht das Fell über die Ohren ziehen. Wichtig ist für ihn nur, daß er ein steuerliches Mehrergebnis erzielt und damit Punkte für seine Beförderung gewonnen hat.

Die Schlußbesprechung entfällt, wenn der Prüfer nichts für Sie Nachteiliges gefunden hat und sich folglich keine Änderungen Ihrer Besteuerungsgrundlagen ergeben.
Nach der Schlußbesprechung erfolgt der Prüfungsbericht, der das Ergebnis der Prüfung für alle Steuerarten des Prüfungszeitraumes zusammenfaßt. Sodann erläßt das Finanzamt gegebenenfalls geänderte Steuerbescheide für die betreffenden Jahre.

Gegen diese Bescheide können Sie die Rechtsmittel des Einspruches und der Klage einlegen. Nach einer abgeschlossenen Betriebsprüfung dürfte dies jedoch ein fast aussichtsloser und teurer Kampf sein!

Wie funktioniert der Datenaustausch innerhalb der Finanzverwaltung?

Während der Betriebsprüfung sammelt der Prüfer viele Daten. Dabei interessieren den Prüfer insbesondere solche, die auf eine Steuerverkürzung schließen lassen können. In diesem Fall sendet der Betriebsprüfer eine Kontrollmitteilung an die betreffende Finanzbehörde. Es handelt sich dann um einen Informationsaustausch zwischen den Behörden, um die Steuermoral der Bürger zu prüfen und möglichst viel Geld für die Staatskasse einzutreiben.

Beispiel: Frau Schmitz setzt in ihrer Einkommensteuererklärung DM 6000,– Kinderbetreuungskosten für zwei Kinder als außergewöhnliche Belastungen ab. Die Kinderfrau quittiert ihr den Erhalt der selbständigen Einkünfte. Im Rahmen des normalen Veranlagungsverfahrens (keine Außenprüfung) schickt das Finanzamt von Frau Schmitz eine Kontrollmitteilung an das Finanzamt der Kinderfrau. Diese bekommt dann eine schriftliche Anfrage ihres Finanzamtes, wenn die Einkünfte nicht versteuert wurden oder dies ohne nähere Prüfung nicht aus der Steuererklärung hervorgeht.
Bei einer Außenprüfung werden Kontrollmitteilungen häufig dann versendet wenn

- hohe Abfindungen oder Zuschüsse gezahlt wurden,
- Scheinrechnungen vermutet werden,
- Scheinfirmen vermutet werden,
- branchenuntypische Geschäfte festgestellt werden,

- hohe Provisionen gezahlt wurden,
- Schmiergeldzahlungen vorliegen,
- Geldschenkungen sowie Übertragung von Sparguthaben vorliegen,
- fragwürdige Darlehensverträge entdeckt werden,
- ungewöhnliche Zahlungsabwicklungen festgestellt werden,
- hohe Bargeldtransaktionen oder Auslandsüberweisungen vorliegen,
- Rechnungen ungewöhnlich erscheinen.

Dieses Kontrollsystem zwischen den Finanzbehörden funktioniert reibungslos. Neben den Erkenntnissen der Außenprüfung über den Steuerpflichtigen selbst erhält der Prüfer somit quasi nebenbei zahlreiche steuerlich relevante Informationen über Dritte.

> Sobald Sie über erhaltene Einnahmen Quittungen oder Rechnungen ausstellen und/oder die Zahlungen unbar (über Konten) fließen, werden Sie fürs Finanzamt zum gläsernen Bürger. Sie dürfen sich keinesfalls in Sicherheit wiegen, im Gegenteil: Wird bei Ihrem Geschäftspartner eine Betriebsprüfung durchgeführt, können Ihre unversteuerten Einnahmen durch Kontrollmitteilungen jederzeit auffliegen.

Was hat der Prüfer mit der Steuerfahndung zu tun?

Zunächst einmal sind Steuerfahnder und Betriebsprüfer Kollegen – sie haben denselben obersten Chef, nämlich den Bundesfinanzminister. Und wie das bei Kollegen manchmal so ist, wird denn auch gelegentlich Hand in Hand gearbeitet.

Der Prüfer hat neben der Prüfung Ihrer Steuerunterlagen auch die Pflicht, bei Verdacht einer Steuerstraftat oder nur einer Steuerordnungswidrigkeit die Steuerfahndung einzuschalten. Im Anschluß an die Betriebsprüfung kann dann eine Steuerfahndungsprüfung erfolgen, die

- Steuerstraftaten und Steuerordnungswidrigkeiten aufdekken,
- die tatsächlichen Besteuerungsgrundlagen ermitteln und
- bisher noch unbekannte Steuerfälle aufdecken soll.

Aufdeckung von Steuerstraftaten: Was ist Hinterziehung, was ist Verkürzung?

Die steuerliche Betriebsprüfung hat die Aufgabe, hohe Steuerausfälle für den Staat zu vermeiden. Zusätzlich soll der Steuerpflichtige zu einer höheren Steuermoral erzogen werden, was durch den Strafcharakter der Prüfung verstärkt wird.
Einige Steuersünder werden jedoch erst durch eine Außenprüfung geschult, künftig noch vorsichtiger zu sein und geheimes Geld oder Schwarzeinnahmen künftig wirklich als solche zu belassen.
Was passiert aber, wenn der Prüfer während einer normalen Betriebsprüfung eine Steuerhintergehung bemerkt? Zunächst muß unterschieden werden zwischen einer leichtfertigen Steuerverkürzung und der Steuerhinterziehung.
In beiden Fällen handelt es sich um zu Unrecht erhaltene Steuervorteile, Steuerverkürzungen und somit zu Gunsten des Steuerpflichtigen zu niedrige Steuerfestsetzungen.

- Steuerhinterziehung wäre es, wenn Sie Ihre Einkommensteuer-Vorauszahlungen erheblich zu niedrig festsetzen lassen, obwohl Ihnen bekannt ist, daß Ihre Einkünfte tatsächlich wesentlich höher liegen werden. Gleiches gilt bei Arbeitnehmern für einen Lohnsteuerermäßigungsantrag, wenn hier erheblich zu hohe Werbungskosten aus nichtselbständiger Tätigkeit angesetzt werden.

- Die Steuerhinterziehung (i. S. § 370 AO) liegt immer dann vor, wenn steuerlich erhebliche unrichtige Angaben gemacht wurden. Hier drohen hohe Geldstrafen und Gefängnisstrafen bis zu 10 Jahren.
- Eine leichtfertige Steuerverkürzung (i. S. § 378 AO) ist eine nicht ganz so gravierende Steuerhinterziehung, die nur mit Geldstrafen (bis DM 100 000,–) geahndet wird.

Beide Tatbestände kann der Betriebsprüfer im Rahmen der Außenprüfung feststellen. Entweder bei dem geprüften Steuerpflichtigen selbst oder bei anderen Steuerpflichtigen. Denn deren Steuersünden können eventuell dadurch ans Tageslicht kommen, daß sich während der Prüfung eine wirtschaftliche Beziehung zu dem geprüften Steuersünder herstellen läßt.
Weiter kann der Prüfer Steuerordnungswidrigkeiten (i. S. § 379 AO) feststellen, die Straf- und Bußgeldverfahren nach sich ziehen.
Diese liegen z. B. vor, wenn

- Belege falsch ausgestellt wurden, Eingangsrechnungen durch Briefkopfkopien tatsächlich vorhandener Firmen fingiert und die Rechnungsbeträge ›frei erfunden‹ eingetragen wurden, um Steuervorteile zu erlangen,
- Geschäftsvorfälle oder Betriebsvorgänge, die nach dem Gesetz aufzeichnungspflichtig sind, nicht oder der Höhe nach unrichtig notiert wurden,
- die gesetzlichen Mitteilungspflichten nicht oder nur unvollständig erfüllt werden. Dies betrifft Selbständige bzw. gewerblich Tätige, die die Gründung und den Erwerb eines Betriebes nicht rechtzeitig dem zuständigen Finanzamt anzeigen.

Bei solchen Ordnungswidrigkeiten erfolgen geringere Geldstrafen (bis DM 10 000,–), wenn solche Handlungen nicht schon als leichtfertige Steuerverkürzungen geahndet werden.

Das müssen Sie über die rechtliche Stellung des Betriebsprüfers wissen

Entdeckt der Prüfer eine Steuerstraftat während der Außenprüfung, so muß er die Steuerfahndung benachrichtigen. Da sich der Verdacht meistens gegen den zu prüfenden Steuerpflichtigen richtet, dürfen die Ermittlungen bei ihm erst fortgeführt werden, wenn er über die Einleitung des Strafverfahrens informiert wurde.

☺ Insbesondere muß der Steuerpflichtige darüber belehrt werden (mit Angabe von Datum und Uhrzeit), daß seine Mitwirkung ab sofort im eigentlichen Besteuerungsverfahren nicht mehr erzwungen werden kann.

Dies gilt auch bei dem bloßen Verdacht auf eine steuerliche Ordnungswidrigkeit.

☺ Auf bloßen Verdacht hin darf der Prüfer nicht die Straf- und Bußgeldstelle des Finanzamtes einschalten. Dies darf nur bei konkretem Tatverdacht geschehen, dem der Prüfer dann nachgehen muß. Hierfür muß es aber objektive Beweismittel geben.

Wie in diesem Buch bereits beschrieben, ermitteln die Betriebsprüfer den steuerlichen Gewinn branchenbezogen nach bestimmten Richtsätzen. Falls das Ergebnis im Einzelfall nun abweichend ist, kann nicht automatisch die Steuerfahndung eingeschaltet werden, nur weil der Prüfer schwarze Einnahmen vermutet. Ein hoher Wareneinsatz bedeutet nicht unbedingt hohen Gewinn.

☺ Der Prüfer schaltet die Steuerstraf- und Bußgeldstelle nicht bei jeder festgestellten Unregelmäßigkeit ein.

Er versucht meist aufgrund seiner Erfahrungen bei anderen Außenprüfungen gleichartiger Branchen zu beurteilen, ob es sich um Flüchtigkeitsfehler, Rechenfehler, Eingabefehler bei der EDV, Personalfehler, strittige Bewertungs- und Rechtsauffassung oder um eindeutige schwerwiegende Verstöße gegen die Buchführungs- und Bilanzierungsgrundsätze handelt.
Weicht das Betriebsergebnis von dem Ergebnis der Betriebsprüfung ab, so entscheidet der Prüfer, ob eine steuerliche Zuwiderhandlung oder ein bloßer Irrtum vorliegt.

> ☺ Ob ein Irrtum angenommen wird, hängt wesentlich von der Mitwirkung des geprüften Steuerpflichtigen ab.

Zeigt er sich kooperativ und entschuldigt sich für den Rechtsirrtum oder technische Fehler, so ist der Prüfer eher geneigt, von der Einleitung eines Strafverfahrens abzusehen.

> ☺ Wenn gar nichts mehr geht, schieben Sie den Fehler auf Ihren Steuerberater. Um Sie vor einem Strafverfahren zu retten, wird er evtl. in Absprache mit Ihnen den Fehler vor dem Betriebsprüfer zugeben.

Stellt der Betriebsprüfer Mängel in der Buchführung fest, so liegt keine strafrechtlich relevante Steuerverkürzung vor, wenn diese vom Prüfer nicht nachgewiesen werden kann.
Vielmehr erfolgt in solchen Fällen eine Hinzuschätzung der Besteuerungsgrundlagen (nach § 162 AO) anhand der amtlichen Richtsätze der Finanzverwaltung und der einschlägigen branchenspezifischen Erfahrungen.
Meistens werden Betriebseinnahmen hinzugeschätzt oder der Eigenverbrauch für die private Nutzung bzw. Entnahme sonstiger Leistungen des Betriebsvermögens höher ange-

setzt. Hier handelt es sich häufig um die Privatanteile von Telefon und PKW oder um Eigenverbrauch von Vorräten im Gaststätten- oder Lebensmittelgewerbe.
Die vorsätzliche oder leichtfertige Steuerverkürzung muß nachgewiesen werden und hat Folgen.
Auf Mängel in der Buchführung aber stößt der Prüfer fast immer – und das ist weniger schlimm. Aufgrund der Vielzahl der steuerlichen Bewertungsvorschriften und weil sich praktisch jeden Tag eine steuerliche Vorschrift oder Verwaltungsanweisung ändert, haben zum Teil selbst Steuerberater, Richter an Finanzgerichten und Bundesfinanzhöfen keinen umfassenden Durchblick mehr. Deshalb gibt es auch kaum Ärger, wenn keine völlig fehlerlose Buchführung beim steuerlich unbedarften Normalbürger oder von ›normalen‹ Buchführungshelfern vorgefunden wird.

Daher liegt nur bei offensichtlichen, bewußten, schwerwiegenden und nachweisbaren Verstößen gegen die ordnungsgemäßen Buchführungs- und Bilanzierungsgrundsätze eine strafbare Handlung des Steuerpflichtigen oder auch dessen Beraters vor.

Erklärungen in der Not: Was taugen die beliebtesten Steuer-Ausreden?

Wenn jemand durch Anzeigen, Betriebsprüfung oder Kontrollmitteilungen beim Finanzamt aufgefallen ist und die Herkunft unversteuerten Geldes nachweisen muß, so sind dem Erfindungsreichtum des Beschuldigten keine Grenzen gesetzt.

> 💣 Allerdings prüft das Finanzamt die Angaben sehr genau. Deshalb sind die meisten Notlügen ungeeignet, um sich vor Strafe zu schützen.

Die Ausrede mit dem Lottogewinn

Hier müssen Sie den Gewinn nachweisen. Handelt es sich um einen großen Betrag, so muß dieser auf ein Konto eingegangen sein, was bei der Bank auch noch nach Jahren anhand von Mikrofilmen recherchiert werden kann. Außerdem ist die Lottogesellschaft in einem laufenden Strafverfahren dem Steuerfahnder gegenüber auskunftspflichtig.

Die Ausrede mit der Spielbank

Alle Kunden einer Spielbank werden schriftlich registriert. Insofern ist der Besuch nachvollziehbar (oder aber auch nicht), der Gewinn muß außerdem nachgewiesen werden, dieser wird auch von der Spielbank registriert.

Die Ausrede mit Geschenken von Freunden, Verwandten

Hier ist äußerste Vorsicht geboten, denn sonst können zu den Einkommensteuer-Nachzahlungen (zuzüglich Strafen) auch noch Schenkungsteuern anfallen. Falls Sie diese Ausrede wählen, informieren Sie sich vorher über die entsprechenden Freibeträge.
Geschenke müssen nachgewiesen werden, es wird auch der Schenker befragt. Die Schenkung muß plausibel sein. Auch wenn der Schenker bereit ist, eine nicht vorhandene Schenkung vor dem Finanzamt zu bestätigen, hilft Ihnen das nicht, wenn die andere Partei mittellos ist. Ihre von der Sozialhilfe lebende Tante kann Ihnen schließlich kaum DM 50 000,– geschenkt haben.
Falls Sie tatsächlich Geld geschenkt bekommen haben und es handelte sich bei dem Schenker auch um Schwarzgeld, so ziehen Sie diesen mit in den Schlamassel und der Finanzbeamte kann noch mehr Erfolgspunkte verzeichnen!
Falls es sich um große Beträge oder Sachwerte (Schmuck, wertvolle Antiquitäten) handelt, wird diesbezüglich evtl. außerdem noch die frühere Vermögensteuerpflicht des Schenkers geprüft.

☺ Wenn Sie die Ausrede ›Schenkung‹ wählen, so gehen Sie vorher sicher, daß der andere

- erstens zu der ›Schenkung‹ steht und
- zweitens (auch die fiktive Schenkung) aus versteuertem Vermögen entrichtet hat.

Wenn diese beiden Punkte, und zudem die Schenkungsteuerfreibeträge genau beachtet werden, so kann damit im Einzelfall schon mal Schwarzgeld weißgewaschen werden.

Die Ausrede mit der Erbschaft

Hier gelten die gleichen Regeln wie bei Schenkungen. Handelt es sich um größere Summen oder Sachwerte, so wird zunächst geprüft, ob Erbschaftsteuern entrichtet wurden. Falls nicht, erläßt das Finanzamt gegebenenfalls rückwirkend einen Erbschaftsteuerbescheid. Deshalb auch hier bitte zunächst die entsprechenden Freibeträge überprüfen.

Die Ausrede mit den Darlehen von Freunden oder Verwandten

Falls Sie sich für diese Ausrede entscheiden, müssen Sie dem Finanzamt als Nachweis einen schriftlichen Darlehensvertrag vorlegen, der die entsprechenden Formvorschriften wie unter fremden Dritten erfüllt. Der Vertrag muß insbesondere folgende Angaben enthalten:

- Namen und Anschrift von Gläubiger und Darlehensnehmer,
- Darlehenshöhe, Darlehenszins, Tilgungssatz, Darlehenslaufzeit,
- Datum des Vertragsabschlusses.
- Falls zunächst nur Zinsen gezahlt werden, muß der Vertrag Angaben über Art und Zeit der Rückzahlung des Darlehens enthalten.

Handelt es sich um einen Vertrag zwischen Angehörigen mit einer Laufzeit ab vier Jahren, ist eine Stellung von Sicherheiten erforderlich, bei kurzfristigeren Darlehen nur dann, wenn auch eine Bank eine solche Sicherheit angefordert hätte.

> Der Zinssatz muß marktüblich sein und darf nicht unter fünf Prozent liegen, sonst nimmt das Finanzamt eine Schenkung an und es entsteht Schenkungsteuerpflicht. Dann würden Sie das Gegenteil des gewünschten Effekts erreichen. Bei Darlehensverträgen unter Angehörigen darf der vereinbarte Darlehenszinssatz nicht unter 2 % liegen.

> Wird ein Darlehen aus Geldern gewährt, die dem Gläubiger vorher vom Darlehensnehmer geschenkt wurden, so liegt Gestaltungsmißbrauch nach § 42 AO vor (BFinH, 26. 3. 96, IX R 51/92).

Wenn Sie einen Darlehensvertrag nur pro forma konstruieren, um Schwarzeinnahmen verschwinden zu lassen, so können die (angeblichen) Darlehensraten nur in bar geflossen sein, denn auf einem Konto können sie rückwirkend nicht mehr erscheinen.

Der Darlehensnehmer muß deshalb folgendes beachten:

- Die ungebundenen Entnahmen vom Konto des Darlehensnehmers müssen hoch genug sein, um die Darlehensraten in dem betreffenden Zeitraum zu decken.
- Das offizielle Einkommen des Darlehensnehmers muß hoch genug sein, um die Darlehensraten bezahlen zu können.

Der Gläubiger muß folgendes beachten:

- Das versteuerte Einkommen muß hoch genug sein, um ein Darlehen in der betreffenden Höhe überhaupt gewähren zu können.
- Es darf sich nicht um eine gewährte Darlehenssumme handeln, die selbst schon aus Schwarzgeld besteht.

- Die vom Darlehensnehmer gezahlten Schuldzinsen stellen beim Gläubiger Guthabenzinsen dar, die in der Anlage KSO versteuert werden müssen. Falls dann der Freibetrag bei Kapitalvermögen von z. Zt. DM 6100,– bei Ledigen bzw. DM 12 200,– bei Verheirateten überschritten wird, kann eine Steuerpflicht entstehen.

Diese Freibeträge werden ab dem Veranlagungsjahr 2000 auf DM 3100,– für Ledige und DM 6200,– für Verheiratete herabgesetzt. Die Freistellungsaufträge müssen nur dann geändert werden, wenn der Steuerpflichtige das halbierte alte Freistellungsvolumen ändern möchte!

> Nach einer Neufassung des § 45 d EStG müssen Kreditinstitute künftig dem Bundesamt für Finanzen die tatsächlich vom Steuerabzug freigestellten Kapitalerträge melden. Stellt das BfF (Bundesamt für Finanzen) dann fest, daß die freigestellten Kapitalerträge über dem Sparerfreibetrag liegen, erfolgt eine Mitteilung an das zuständige Finanzamt des Steuerpflichtigen.

Das Bundesamt für Finanzen ist außerdem befugt, diese Daten den Sozialleistungsträgern mitzuteilen, die dann prüfen, ob das Einkommen und Vermögen für die Inanspruchnahme von Sozialleistungen nicht zu hoch ist oder ob diese Werte in dem entsprechenden Antrag zutreffend angegeben wurden.

Die Ausrede mit den Freunden im Ausland

Diese Ausrede wirft den Steuerfahnder nicht um, denn er wird Ihren Angaben genau nachgehen. Falls Ihr angeblicher Freund keine ausreichenden Unterlagen über eine Schenkung oder ein Darlehen präsentieren kann, wird zu Ihren Ungunsten entschieden.

Dies gilt auch für den Fall, daß der Freund im Ausland unbekannt verzogen sein sollte. Der Betriebsprüfer bzw. Steuerfahnder erwartet, daß bei ernsthaft durchgeführten Schenkungen oder Darlehen diese Unterlagen in Ihrem Besitz sind.

Die Ausrede mit Antiquitäten, Kunstgegenständen, Sammlungen

Auch hier ist Vorsicht geboten. Zunächst müssen Sie darlegen, um welchen Kunstgegenstand es sich handelte und wo Sie die Objekte zu welchem Preis erworben hatten. Den Verkauf müssen Sie selbstverständlich ebenso nachweisen. Falls unüblicherweise keine Quittung vorliegt, müssen Sie die Namen der Erwerber bekanntgeben.
Sollten Sie wirklich wertvolle Gegenstände veräußert haben, so werden Sie bei größeren Summen rückwirkend zur Vermögensteuer veranlagt, auch wenn diese zwischenzeitlich abgeschafft wurde.

> ☺ Lassen Sie sich vorher die möglichen vermögensteuerlichen Konsequenzen ausrechnen, bevor Sie sich für eine solche Lösung entscheiden!

Falls Sie wertvolle Antiquitäten geerbt haben, so wird geprüft, ob Sie hierfür die entsprechende Erbschaftsteuer gezahlt haben. Auch hier vorher die mögliche Erbschaftsteuer ausrechnen lassen.

> 💣 Wenn Sie schon am Finanzamt vorbei verdienen wollen, so ziehen Sie möglichst nicht andere mit hinein! Es passiert in der Praxis nicht selten, daß diese dann auch in Erklärungsnotstand geraten und natürlich zuerst ihre eigene Haut retten wollen!

Selbstanzeigen: Wann und wie die Notbremse gezogen werden kann

Auch wenn Steuersünden beim Finanzamt unglücklicherweise aufgeflogen sind, ist das Kind noch nicht in den Brunnen gefallen.
Wenn bestimmte Formvorschriften der einschlägigen gesetzlichen Bestimmungen der Abgabenordnung beachtet oder rechtzeitig der Steuerberater umfassend informiert wird, hat jeder trotzdem noch gute Chancen, aus dem Schlamassel herauszukommen.

Was bei einer Selbstanzeige zu beachten ist

Nachträgliche Berichtigung von Steuererklärungen (§ 153 AO)

- Stellen Sie nachträglich vor Ablauf der Festsetzungsfrist fest, daß Sie eine Steuererklärung unrichtig oder unvollständig abgegeben haben und deshalb unberechtigte steuerliche Erleichterungen erhalten haben oder noch erhalten werden, so müssen Sie dies unverzüglich Ihrer Finanzbehörde melden durch Abgabe korrigierter Steuererklärungen.
- Diese Verpflichtung besteht auch für Erben als Gesamtrechtsnachfolger, sofern diese das Erbe des verstorbenen Steuerpflichtigen nicht ausgeschlagen haben.
- Wenn Sie nachträglich feststellen, daß die Voraussetzungen für eine Steuervergünstigung oder Steuerfreiheit weggefallen sind, so ist auch diese Information dem Finanzamt unverzüglich mitzuteilen.

> Unterlassen Sie vorsätzlich diese Richtigstellungen, liegt eine Steuerhinterziehung (i. S. § 370 AO) vor. Dies gilt auch für Ihren Steuerberater, wenn dieser Fehler in Ihren Steuererklärungen entdeckt, die Ihnen unberechtigte Steuerverkürzungen einbrachten oder noch einbringen.

Fristen, auf die es dabei ankommt

Diese Regelungen gelten bei Bekanntwerden von Fehlern vor Ablauf der Festsetzungsfristen. Die Festsetzungsfrist beginnt mit Ablauf des Kalenderjahres, in dem die Steuer entstanden ist und beträgt

- ein Jahr für Zölle und Verbrauchssteuern,
- vier Jahre für alle übrigen Steuern (Einkommen-, Umsatz-, Gewerbesteuer usw.),
- zehn Jahre bei Steuerhinterziehungen,
- fünf Jahre bei leichtfertigen Steuerverkürzungen.

> Eine geänderte Steuerfestsetzung nach Ablauf dieser Fristen ist nicht mehr zulässig, dies gilt auch für Schreibfehler des Finanzamtes (offenbare Unrichtigkeiten § 129 AO).

Die Finanzbehörde prüft, ob eine vorsätzliche oder leichtfertige Steuerverkürzung vorliegt. Liegt eine vorsätzliche Steuerhinterziehung (i. S. § 370 AO) vor, so kann die zehnjährige Festsetzungsfrist nicht durch eine strafbefreiende Selbstanzeige oder die Einstellung des Strafverfahrens verkürzt werden.

> Das bedeutet, daß die Steuern zuzüglich Zinsen (i. S. der §§ 233 a, Verzinsung von Steuernachforderungen, und 235 AO, Hinterziehungszinsen) für die letzten zehn Jahre zu zahlen sind.

Diese Festsetzungsfristen können durch verschiedene Ereignisse gehemmt werden (z. B. Außenprüfungen), so daß die entsprechenden Fristen durchaus verlängert werden können (Ablaufhemmung). Dies bedeutet, daß Sie z. B. bei vorsätzlicher Steuerhinterziehung auch Steuern für mehr als 10 Jahre zurückzahlen müssen.

> ☺ Wenn Sie oder Ihr Steuerberater vor Ablauf dieser Fristen steuerverkürzende Mängel in Ihren Steuererklärungen feststellen, so müssen Sie diese dem Finanzamt anzeigen und die Fehler berichtigen. Das Finanzamt wird die Fehler aufgrund der korrigierten Steuererklärungen berichtigen, und der Fall ist vom Tisch. Strafrechtlich hat dies keine Folgen.

Unterlassen Sie diese Mitteilungen absichtlich (vorsätzlich), so liegt eine Steuerhinterziehung (i. S. § 370 AO) vor. Kommt das Finanzamt Ihnen durch Anzeigen Dritter oder Betriebsprüfungen auf die Schliche und konstatiert vorsätzliche oder leichtfertige Steuerverkürzungen, so verlängern sich die Festsetzungsfristen entsprechend. Sie müssen für weitaus mehr Jahre zurückzahlen und mit einem Strafverfahren rechnen.

Wie Sie straffrei bleiben durch die rettende Selbstanzeige

Wenn Sie beim Finanzamt aufgeflogen sind, können Sie straffrei ausgehen, sofern Sie reumütig Ihre Steuersünden bekennen und die neu festgesetzten Steuern zuzüglich Zinsen auch entrichten.

Die Verjährungsfristen werden allerdings durch die Selbstanzeige nicht verkürzt, Sie erhalten auch keine ›steuerlichen Rabatte‹. Die Selbstanzeige hat einzig und allein strafbefreiende Wirkung, was für Sie bedeutet:

- Keine Geldstrafen,
- keine Gefängnisstrafen,

- keine Vorstrafe wegen Steuerhinterziehung,
- geringere Rechtsberatungskosten,
- keine Gerichtskosten,
- keine Blamagen und damit verbundene Bonitätsverluste bei Kunden, Banken, Geschäftspartnern.

Die Folgen der Selbstanzeige bei vorsätzlich begangener Steuerhinterziehung sind gesetzlich geregelt (in § 371 AO), ebenso die Folgen der Selbstanzeige bei leichtfertiger Steuerverkürzung (in § 378 AO).

> ☺ Beiden Vorschriften ist gemeinsam, daß strafrechtliche Sanktionen ausbleiben bzw. bei der leichtfertigen Steuerverkürzung kein Bußgeld erhoben wird.

Die Selbstanzeige bei vorsätzlicher Steuerhinterziehung (§ 371 Abs. 1 AO)

Wenn das Finanzamt z. B. durch eine Kontrollmitteilung oder durch Anzeigen Dritter von Ihren Steuersünden erfahren hat, werden Sie zunächst schriftlich mit Fristsetzung um Stellungnahme über die neu erworbenen Kenntnisse gebeten.

> ☺ Diese Frist beträgt meistens vier Wochen, sie ist in jedem Fall großzügig bemessen, so daß Ihnen genügend Zeit zur Recherche bleibt. Falls die Frist wegen Urlaub, Krankheit, Arbeitsüberlastung usw. nicht eingehalten werden kann oder Sie z. B. die entsprechenden Unterlagen erst anfordern müssen, können Sie beim Finanzamt um begründete Fristverlängerung bitten.

Sie sollten sich jedoch wegen der zu beachtenden Formvorschriften für das weitere Verfahren an einen Steuerberater wenden.

Wenn Sie diesen dazu ausdrücklich im voraus bevollmächtigen, wird er für Sie eine Selbstanzeige anfertigen, in der Sie

- zunächst Ihr Versehen oder Ihren Rechtsirrtum entschuldigen,
- die bisher geheimen Einkünfte nachmelden und
- zusichern, daß Sie die Steuernachzahlungsbeträge zuzüglich Zinsen pünktlich in einer angemessenen Frist entrichten werden.

Eine angemessene Frist zur Entrichtung der hinterzogenen Steuern beträgt bis zu sechs Monaten, die Frist wird jedoch jeweils vom Finanzamt festgesetzt.
Die Selbstanzeige ist ausschließlich an Ihre zuständige Finanzbehörde zu richten, nicht an die Staatsanwaltschaft!
Sinnvoll ist es, die Selbstanzeige an Ihren zuständigen Veranlagungsbezirk unter Angabe Ihrer Steuer-Nummer zu richten. Falls Sie bisher steuerlich nicht geführt wurden, ist es ausreichend, die Selbstanzeige an das für Sie örtlich zuständige Finanzamt zu richten, dort ist jeder Bedienstete zur Entgegennahme einer Selbstanzeige befugt.

Wie sieht die Selbstanzeige aus?

Sie können eine Selbstanzeige mündlich oder schriftlich abgeben, wobei letzteres aus Beweissicherungsgründen sinnvoller ist. Für die schriftliche Selbstanzeige gibt es keine Formvorschriften. Inhaltlich aber muß die Selbstanzeige jedoch vollständig sein in bezug auf

- die Berichtigung und Ergänzung vorher unrichtiger Angaben,
- die Nachholung bisher unterlassener Angaben,
- Zusicherung der Entrichtung der Nachzahlungen in einer angemessenen Frist.

Eine Selbstanzeige i. S. § 371 AO erstreckt sich bis zu einem Zeitraum von zehn Jahren.

Falls Sie aufgrund fehlender oder unvollständiger Unterlagen die steuerlichen Bemessungsgrundlagen für die vorangegangenen Jahre nicht mehr nachvollziehen können, so sollten Sie diese schätzen. Diese Schätzungen sollten jedoch realistisch sein, da Sie davon ausgehen müssen, daß dem Finanzamt bereits das tatsächliche Zahlenmaterial vorliegt.

Schätzungen sind nicht ohne Tücke

Fallen Ihre Schätzungen zu niedrig aus, kann das Finanzamt folgendes unterstellen:

1. Schlampigkeit, mangelnde Möglichkeit zur Beschaffung der Beweisunterlagen, unzureichendes Erinnerungsvermögen.

> ☺ Hier wird die zu niedrige Schätzung als Irrtum bewertet und wirkt sich in einem Fahndungsverfahren strafmildernd aus.

2. Bewußt verkürzte (sog. ›dolose‹) Selbstanzeige, bei der wiederum durch falsche Angaben geschummelt wird, um zu hohe Steuernachzahlungen zu vermeiden und von weiteren Steuerverkürzungen abzulenken.

> 💣 Kommt das Finanzamt dahinter, hat der Steuerpflichtige mit Strafen zu rechnen, die ja eigentlich durch die Selbstanzeige vermieden werden sollten.

Nutzen Sie die strafrechtliche Sanktionsfreiheit der Selbstanzeige, lassen Sie den Schuß jedoch nicht nach hinten losgehen durch bewußte Unvollständigkeit der Angaben!

Beispiel für eine schriftliche Selbstanzeige durch einen Steuerberater

Absender

An das Finanzamt Köln-Süd
Steuer-Nr. 219/xxx/yyy, Steuerpflichtiger Anton Schlecht

Sehr geehrte Damen und Herren,

zu Ihrem Schreiben vom 1. 10. 1996 nehme ich wie folgt Stellung:

Nach genauer Überprüfung des Sachverhaltes stellte Herr Schlecht fest, daß er die Zinsen aus seinem Wertpapierdepot in Luxemburg bisher tatsächlich nicht versteuert hat. Das Unterlassen dieser Zinsversteuerung beruht nicht auf einer vorsätzlichen Steuerverkürzung meines Mandanten, sondern auf dem Rechtsirrtum, daß nur inländische in Deutschland bezogene Einkünfte in der Einkommensteuererklärung zu versteuern sind.
Insofern ist die Versteuerung der Wertpapierzinsen aus Luxemburg bisher irrtümlich unterblieben.

Mein Mandant, der mich zur Anfertigung dieser Selbstanzeige durch beiliegende Vollmacht ausdrücklich bevollmächtigt hat, bittet um Nachversteuerung der folgenden Beträge, die Sie aus den beiliegenden Ertrágnisaufstellungen und Steuerbescheinigungen entnehmen können:

für das Jahr 1997	DM 7500,–
für das Jahr 1996	DM 8000,–

Mein Mandant bittet um Nachversteuerung dieser Beträge und sichert die pünktliche Entrichtung der Nachzahlungen incl. aller Zinsen auf die Nachforderungen und der Hinterziehungszinsen zu.
Ich bitte aufgrund dieser Selbstanzeige von der Einleitung eines Strafverfahrens i. S. § 371 (1) AO abzusehen.

Weiter versichert mein Mandant, künftig alle evtl. anfallenden ausländischen Zinsen zu versteuern.

Mit freundlichen Grüßen

Anlage: Vollmacht des Mandanten

Macht Ihr Steuerberater Sie nicht rechtzeitig auf die Möglichkeit einer strafbefreienden Selbstanzeige aufmerksam, so können Sie gegen ihn Schadensersatzansprüche stellen. Dies jedoch nur, wenn Sie ihm rechtzeitig die entsprechenden Informationen zukommen lassen.

Wenn Sie Ihrem Berater die Prüfungsanordnung für die Außenprüfung erst vorlegen, wenn der Prüfer Ihr Haus schon betreten hat, kann der Steuerberater für Sie keine Selbstanzeige mehr erstatten, da das Erscheinen des Prüfers Sperrwirkung für die Selbstanzeige hat.

Ansonsten können Sie Ihren Berater nur in bezug auf die Prozeßkosten und die Strafe selbst schadenersatzpflichtig machen, wenn er Ihnen die Möglichkeit der Selbstanzeige verschwiegen hat. Der Schadensersatzanspruch entfällt, wenn Sie von der Selbstanzeige keinen Gebrauch machen wollten.
Wenn Ihr Steuerberater zu früh Selbstanzeige erstattet hat und die Tat ansonsten nicht entdeckt worden wäre, können

Sie sich nicht bei Ihrem Berater schadlos halten, da die korrekte Steuerfestsetzung zuzüglich Zinsen nicht als Schaden für den Steuerpflichtigen gewertet werden kann, ebensowenig das persönliche Vergehen, für das er strafrechtlich belangt wird.

Wann ist die Selbstanzeige zwecklos?

Straffreiheit trotz eingereichter Selbstanzeige tritt in den folgenden Fällen (nach § 371 Abs. 2 AO) nicht ein, wenn

- vor der Berichtigung, Ergänzung oder Nachholung der Betriebsprüfer erschienen ist.
- der Finanzbeamte zur Ermittlung einer Steuerstraftat oder Steuerordnungswidrigkeit erschienen ist.
- dem Beschuldigten oder dessen Vertreter die Einleitung eines Straf- oder Bußgeldverfahrens wegen der Tat bekanntgegeben wurde. Wurde das Verfahren zwar eingeleitet, aber dem Steuerpflichtigen noch nicht bekanntgegeben, so ist eine strafbefreiende Selbstanzeige möglich.
- die Tat zum Zeitpunkt der Berichtigung, Ergänzung oder Nachholung bereits entdeckt war und der Täter dies wußte oder damit rechnen mußte.

Diese Vorgänge entfalten die sogenannte Sperrwirkung für die Selbstanzeige.

Die Selbstanzeige im Rahmen einer Betriebsprüfung

Nicht die Ankündigung einer Außenprüfung, sondern das Erscheinen des Finanzbeamten in den Räumen des Steuerpflichtigen oder seines Vertreters entfalten die Sperrwirkung. Hierzu zählen Betriebsprüfer, Fahndungsprüfer und Prüfer der betriebsnahen Veranlagung.

> Haben diese den Türgriff zu Ihren privaten oder betrieblichen Räumen in der Hand, kann eine Selbstanzeige nicht mehr vor Strafe retten.

Das Erscheinen des Prüfers schließt jedoch die Wirksamkeit einer Selbstanzeige nicht gänzlich aus, sondern entfaltet nur einschränkende Sperrwirkung. Die Einschränkung gilt

- persönlich nur für den Täter oder evtl. Mitbeteiligte, bei denen der Prüfer erschienen ist. Ist der Prüfer bei einem Mittäter nicht erschienen, so kann dieser trotz laufender Betriebsprüfung beim Haupttäter strafbefreiende Selbstanzeige erstatten.
- zeitlich, da nach Beendigung der Betriebsprüfung wieder eine wirksame Selbstanzeige abgegeben werden kann. Dies kann dann erfolgen, wenn der Prüfer nichts gefunden hat, Sie aber irgendwann mit einer Aufdeckung der Tat und der entsprechenden Strafen rechnen und Sie außerdem Ihr Gewissen erleichtern wollen.
- sachlich, da sich die Sperrwirkung nur auf die in der Prüfungsanordnung genannten Steuerarten und Veranlagungszeiträume bezieht. Handelt es sich z. B. um eine Umsatzsteuer-Sonderprüfung, so kann bezüglich hinterzogener Einkünfte aus Vermietung und Verpachtung (Einkommensteuer) die Selbstanzeige strafbefreiende Wirkung entfalten.

Wann gilt eine Steuerstraftat als entdeckt?

Hat die Finanzverwaltung Ihre Tat ganz oder teilweise entdeckt und die Tataufdeckung ist Ihnen bekannt oder müßte Ihnen eigentlich bekannt sein, entfällt die strafbefreiende Wirkung der Selbstanzeige.

> ☺ Wenn das Finanzamt durch Zufall mehrere ungeklärte Bareinlagen auf Ihrem Girokonto entdeckt, reicht das für den Vorwurf der Steuerhinterziehung wegen Einzahlung von Schwarzgeld noch nicht aus.

Eine Tat liegt erst dann vor, wenn das Finanzamt beweisen kann, daß die Bareinlagen unversteuerte Einnahmen sind.

Selbstanzeige wegen Hausdurchsuchungen bei Kreditinstituten und damit verbundener Ermittlungen gegen Bankkunden

Nachdem einige Bankkunden vom Einmarsch der Beamten der Steuerfahndung bei verschiedenen deutschen Großbanken erfahren hatten, gingen bei vielen Staatsanwälten Selbstanzeigen reuiger Steuersünder ein.
Da hatten vor lauter Aufregung viele die Adressen verwechselt. Denn die Selbstanzeigen fallen nicht in den Zuständigkeitsbereich des Staatsanwalts, sondern in den Bereich der Finanzbehörden.
Solange gegen den einzelnen Bankkunden noch kein Ermittlungsverfahren eröffnet wurde bzw. die Steuerfahndung noch nicht im Haus des Steuersünders tätig war, kann eine Selbstanzeige strafbefreiende Wirkung entfalten.

> Falls zwar nicht die Steuerfahndung, jedoch ein Prüfer der betriebsnahen Veranlagung in Ihrem Haus Ihre tatsächlichen Kapitaleinkünfte mit den vorliegenden Kontrollmitteilungen aufgrund der Bankdurchsuchung vergleichen will, so entfällt die Steueramnestie durch eine Selbstanzeige!

Sie sollten die Möglichkeit der Selbstanzeige nutzen, wenn Ihnen bekannt ist, daß bei Ihrer Bank die Steuerfahndung aktiv ist und Sie kein reines Gewissen haben.

Selbstanzeige trotz Einleitung eines Strafverfahrens

Im Rahmen der mittlerweile an der Tagesordnung stehenden Hausdurchsuchungen bei Banken und der Beschlagnahme von Akten müssen sehr viele Bankkunden mit Strafanzeigen und Ermittlungsverfahren rechnen.
Ist der Beamte der Steuerfahndung erst einmal bei Ihnen im Haus, erfolgt die sofortige Beschlagnahmung der Unterlagen, sofern diese im Haus ausfindig gemacht werden können. Es folgt die Einleitung des Ermittlungsverfahrens z. B. gegen

die Ehefrau. Diese kann sich bei hinreichendem Beweismaterial nicht mehr dem Strafverfahren entziehen und muß mit Geld- oder Gefängnisstrafen rechnen.

☺ Sollte das Strafverfahren gegen den falsch beschuldigten Ehegatten eingeleitet worden sein, der eigentliche Übeltäter ist jedoch der andere Ehegatte, so kann dieser noch strafbefreiende Selbstanzeige erstatten, da gegen ihn selbst noch kein Ermittlungsverfahren läuft!

Es müssen zwar alle Steuern, Zinsen darauf und die Hinterziehungszinsen geleistet werden, den Staatsanwalt jedoch sind Sie los – und damit entfallen auch Bußgelder und/oder Gefängnisstrafen.

Die Selbstanzeige bei leichtfertiger Steuerverkürzung (§ 378 Abs. 3 AO)

Ordnungswidrig handelt jeder, der eine Steuerhinterziehung (i. S. § 370 AO) leichtfertig begeht, also ohne böse Absicht. Diese kleineren Sünden können nur mit Bußgeldern und nicht mit Freiheitsstrafen geahndet werden. Eine Selbstanzeige kann Sie deshalb in diesen Fällen auch nur vor Bußgeldern retten. Auch bei einer leichtfertigen Steuerhinterziehung gibt es jedoch Ausschlußgründe.

💣 Wenn dem Steuersünder oder dessen Vertreter die Einleitung eines Straf- oder Bußgeldverfahrens wegen der betreffenden Tat bekanntgegeben wurde, entfällt die strafbefreiende Wirkung der Selbstanzeige.

Wurde das Verfahren gegen den Steuerpflichtigen zwar eröffnet, ihm dies jedoch (noch) nicht bekanntgegeben, so ist die Amnestie durch die Selbstanzeige noch möglich.

Besteht trotz laufenden Strafverfahrens die Aussicht auf Straffreiheit?

Nach den gesetzlichen Bestimmungen (§ 46 a StGB) können die Beschuldigten mit Strafmilderung oder Einstellung des Verfahrens rechnen, wenn der Schaden wiedergutgemacht wird oder dies ernsthaft angestrebt wird.
Diese Vorschriften gelten auch für die Straf- und Bußgeldsachenstellen der Finanzämter (§ 385 Abs. 2 AO in Verbindung mit § 153 b StPO), selbst wenn diese die genannte Vorschrift in Steuerhinterziehungsfällen (nach § 370 AO) nicht anwenden wollen.

> ☺ Werden Sie in einem Steuerstrafverfahren mit den entsprechenden Strafen verurteilt, so muß die Milderungsvorschrift (nach § 46 a StGB) greifen, wenn Sie alle Steuern zuzügl. Verzinsung und Hinterziehungszinsen (§§ 233 a, 235 AO) gezahlt haben.

Wird dies durch das zuständige Amtsgericht abgelehnt, so sollten Sie in die Berufung gehen unter Hinweis auf diese Strafzumessungsvorschrift. Sie können nur noch gewinnen, verlieren können Sie nur noch in bezug auf Prozeß- und Anwaltskosten.

Die preiswertere Variante der Selbstanzeige: Der Strafklageverbrauch

Steuersünder können mit der Selbstanzeige Straffreiheit erlangen, müssen jedoch alle hinterzogenen Einnahmen deklarieren und hierfür kräftig Steuern und Hinterziehungszinsen nachzahlen. Raffinierte und risikofreudigere Steuerpflichtige können jedoch durch eine Selbstanzeige den sogenannten Strafklageverbrauch erreichen und damit eigenes Vermögen vor dem Fiskus retten.

☺ Strafklageverbrauch bedeutet, daß eine rechtskräftig verfolgte Steuerhinterziehung nicht weiter strafrechtlich verfolgt werden darf. Wurde der Steuersünder zu Gefängnis- oder Geldstrafe verdonnert, darf er für diese Steuerhinterziehung nicht weiter verfolgt werden.

Beispiel: Herr Reich wurde wegen Hinterziehung von Einkünften aus Vermietung und Verpachtung für die Jahre 1996 und 1997 angezeigt. Die verkürzten Steuern betrugen DM 10 000,–, das Verfahren wurde gegen Zahlung eines Geldbetrages i. S. § 153 a StPO eingestellt. Sollte das Finanzamt später feststellen, daß in den betreffenden Jahren auch Einkünfte aus Kapitalvermögen oder aus einer anderen Einkunftsart hinterzogen wurden, so darf Herr Reich hierfür strafrechtlich nicht mehr verfolgt werden.

Clevere Steuersünder gehen wie folgt vor: Sie fertigen für das Finanzamt eine anonyme Anzeige gegen sich selbst. Hierbei müssen Sachverhalt und Art der verkürzten Steuern (z. B. Einkommensteuerhinterziehung wegen Nichtdeklarierung von Zinsen, Vermögensteuerhinterziehung vor 1997 z. B. wegen Besitz einer Motorjacht) genau beschrieben werden. Die verkürzten Steuern dürfen insgesamt höchstens DM 10 000,– betragen, damit das Strafverfahren gegen geringe Geldauflage eingestellt wird. Sobald die Geldstrafe bezahlt ist, ist eine Verfolgung für hinterzogene Steuern in den gleichen Zeiträumen verwirkt.

Auf diese Weise werfen besonders »coole« Steuersünder der Straf- und Bußgeldsachenstelle ein »Bröckchen« hin, um die großen Brocken in der eigenen Tasche zu behalten!

Kann man Finanzbeamte motivieren, von der Einleitung eines Strafverfahrens abzusehen?

Wenn Ihre steuerlichen und wirtschaftlichen Verhältnisse gerade von einem Betriebsprüfer ›durch die Mangel‹ genommen werden, ist das eine aufregende Zeit für Sie – egal, wo die Betriebsprüfung stattfindet.

Selbst wenn Sie ein reines Gewissen haben, müssen Sie in jedem Fall davon ausgehen, daß der Prüfer Anhaltspunkte findet, die die Erhöhung der Besteuerungsgrundlagen für mehrere Jahre rechtfertigt, was auch Konsequenzen für die Folgejahre hat. Es handelt sich sehr oft um Privatanteile und Eigenverbrauch des Unternehmers. Zudem kann kaum eine Buchhaltung völlig fehlerfrei sein.
Wie können Sie sich jedoch verhalten, wenn der Prüfer konkrete Anhaltspunkte für ein Fehlverhalten des Steuerpflichtigen hat, die eigentlich die Einschaltung der Steuerfahndung und die Einleitung eines Strafverfahrens bedingen? Der Prüfer ist in solchen Fällen sogar dazu verpflichtet, die im Rahmen der Außenprüfung gewonnenen Erkenntnisse an die zuständige Behörde (Buß- und Strafsachenstelle) weiterzuleiten. Eine Selbstanzeige ist, wie bereits beschrieben, nach Erscheinen des Prüfers nicht mehr möglich.

<u>Es sollen in der Praxis folgende Strategien vorkommen:</u>

1. Dem Prüfer wird eine äußerst angenehme Arbeitsatmosphäre geboten, dazu gehören in jedem Falle Frühstück, verschiedene Getränke und Mittagessen, auch wenn die Prüfer angeblich die Vorteile einer Essenseinladung nicht annehmen dürfen. Lassen Sie sich nicht beirren, die Prüfer tun es alle, und zwar sehr gerne, obwohl sie es nicht dürfen. Wo kein Kläger, da kein Richter – der Sachgebietsleiter wird es schon nicht erfahren.
2. Es soll vorkommen, daß einige Steuerpflichtige dem Prüfer auch sonstige Vorteile anbieten, z. B. kostenloses Haarschneiden für die ganze Familie, wenn es sich um einen Frisiersalon handelt – wobei natürlich auch andere gratis erbrachte Dienstleistungen denkbar sind – je nach Unternehmenszweig.
3. Auch Bargeldangebote und deren Akzeptanz seitens der Prüfer kommen vor, und dies gar nicht so selten. Dies erscheint eigentlich logisch, da die niedrigen Gehälter der

Finanzbeamten die Anfälligkeit für Vorteilsgewährungen fördern.

Im Laufe der Gespräche mit dem Prüfer bekommen Sie zwar selbst ein diplomatisches Gespür dafür, wie weit Sie hier gehen können. Beachten Sie jedoch bitte unbedingt:

> Jede Vorteilsgewährung an den Beamten fällt in den strafrechtlich relevanten Bereich der Beamtenbestechung!

Deshalb wurden vorstehend auch nur Möglichkeiten beschrieben, die einige Steuerpflichtige ergreifen, um den Prüfer äußerst wohlwollend zu stimmen, damit er gewisse Dinge ›übersieht‹ und im Prüfungsbericht nach Abschluß der Prüfung nur geringfügige Abweichungen gegenüber den bisherigen Besteuerungsgrundlagen feststellt.
Hat der Prüfer bereits Merkmale festgestellt, die eigentlich eine sofortige Meldung an die Strafsachenstelle bedingen, so sollen ihn die eingangs beschriebenen Taktiken schon dazu bewegt haben, einigen Entschuldigungen wegen Rechtsirrtümern Glauben zu schenken oder die Abwälzung der Schuld auf den Steuerberater und dessen Mitarbeiter zu akzeptieren. Dadurch wurde einigen heiklen Situationen schon erheblich die Schärfe genommen und Strafverfahren konnten vermieden werden.

> Die Nachahmung dieser Methoden dürfen wir Ihnen aber nicht empfehlen.

Die beschriebenen Beispiele sollten Ihnen nur aufzeigen, bei welchen Handlungen es sich um versuchte Beamtenbestechung handelt, die Sie jedoch vermeiden sollten, ungeachtet der Tatsache, daß einige Steuerpflichtige damit nicht unerheblichen Erfolg verbuchen konnten.

Härtefall Steuerfahndung: Was tun, wenn die Kripo des Finanzministers klingelt?

Allgemeines zur Steuerfahndung

Blitze aus heiterem Himmel sind selten. Und auch die Steuerfahndung kommt nicht einfach nur mal so bei Ihnen vorbei. Selbst wenn Steuerhinterziehungen ans Tageslicht kommen, durch eigenen Leichtsinn, Anzeigen Dritter, Kontrollmitteilungen und/oder Betriebsprüfungen, läuft noch kein Steuerfahnder los. Sondern zunächst mal müssen diese Steuerstraftaten bewiesen werden.

> Hat das Finanzamt aber ausreichendes Beweismaterial gefunden, so erfolgt die Mitteilung an die Steuerfahndungsstelle und dann an die Straf- und Bußgeldsachenstelle.

Die Straf- und Bußgeldsachenstellen des Finanzamtes haben im Steuerstrafverfahren die gleichen Rechte und Pflichten wie die Staatsanwaltschaft im Ermittlungsverfahren, während die Steuerfahndungsstellen ausführende Organe sind, eine Art Steuerpolizei.

Das sind die Aufgaben der Steuerfahnder

Die gesetzlichen Aufgaben der Steuerfahndung (geregelt durch § 208 AO) umfassen

- die Erforschung von Steuerstraftaten und Steuerordnungswidrigkeiten,
- die Ermittlung von Besteuerungsgrundlagen,

- die Aufdeckung und Ermittlung bisher unbekannter Steuerfälle,
- die Ermittlungen aufgrund Ersuchen anderer Finanzbehörden.

Die Steuerfahndung ist damit sowohl Steuerermittlungs- als auch Steuerverfolgungsorgan. Auch wenn ein Strafverfahren nicht eingeleitet wird, kann die Steuerfahndung ermitteln, z. B. im Rahmen einer Außenprüfung. Zur Zeit sind in Deutschland rund 1700 Steuerfahnder im Einsatz.

Wie wird der Steuerfahnder fündig?

1. Anonyme Anzeigen

Die meisten Erfolge der Steuerfahnder resultieren aus anonymen Anzeigen. Diese können schriftlich oder telefonisch erfolgen. Die Steuerfahndung unterhält sogar einen telefonischen Bereitschaftsdienst zur Entgegennahme dieser Anzeigen. Nach Dienstschluß der Beamten läuft ein Anrufbeantworter zur Aufzeichnung anonymer Anzeigen.
Nach Aufnahme der Anzeige wird intern geprüft, ob die Anzeige verfolgt werden soll. Hierbei wird die voraussichtlich zu erwartende Steuernachzahlung hochgerechnet.

☺ Beträgt diese nach grober Vorabschätzung nicht mindestens DM 10 000,–, so wird der Fall wegen der Vielzahl der anonymen Anzeigen und gleichzeitigem Personalmangel abgelegt.

2. Betriebsprüfung

Deckt der Betriebsprüfer Schwarzgeldkonten oder sonstige Unregelmäßigkeiten auf, so kann er bei ausreichendem Beweismaterial die Steuerfahndung einschalten.

3. Kooperation zwischen Veranlagungsstellen des Finanzamtes und den Straf- und Bußgeldsachenstellen

Die Veranlagungsstellen des Finanzamtes, die Ihre normalen Steuererklärungen bearbeiten, kooperieren eng mit den Straf- und Bußgeldsachenstellen des Finanzamtes. Die Veranlagungsstellen haben den besten Überblick über Ihre wirtschaftlichen und steuerlichen Daten, daher liegt diese Zusammenarbeit zwischen den beiden Ämtern nahe, um dem steuerlichen Mißbrauch entgegenzuwirken.

Der erste Schritt zur Fahndung: steuerlicher Mißbrauch

Werden trotz Kenntnis der gesetzlichen Grundlagen bewußt falsche oder unvollständige Angaben gemacht oder steuerrelevante Daten auf der Einnahmeseite nicht mitgeteilt, liegen steuerliche Mißbrauchsfälle vor. Mißbrauch kann z. B. dadurch entstehen, daß steuerlich nicht abzugsfähige private Aufwendungen als beruflich veranlaßte abzugsfähige Aufwendungen dargestellt werden.
Die Veranlagungsstellen erkennen z. B. im Rahmen der Einkommensteuerveranlagung Mißbrauchstatbestände oft durch stichprobenhafte Belegprüfungen.

> 💣 Bevor Sie die falschen Belege herausgeben oder dem Finanzamt zu viele Informationen zukommen lassen, sollten Sie die angeforderten Belege von Ihrem Steuerberater ›wasserdicht‹ überprüfen lassen.

Falls die Veranlagungsstelle etwas entdeckt, folgt jedoch nicht in allen Fällen ein Steuerstrafverfahren.

Das Beispiel mit den Unregelmäßigkeiten in Ihrer Steuererklärung

Sie fügen den Unterlagen Kontoauszüge bei, aus denen regelmäßige Überweisungen an Sie hervorgehen. Das Finanzamt bittet um Erläuterung, da diese Einnahmen bisher nicht versteuert wurden.

Möglichkeit 1: Sie erklären den Irrtum und melden z. B. Ihre nebenberufliche selbständige Tätigkeit nach. Dies kann entweder im Rahmen der Nacherklärung (nach § 153 AO) oder im Rahmen einer Selbstanzeige (nach § 371 AO) geschehen.
Folge: Sie erhalten einen geänderten Steuerbescheid unter Hinzurechnung der bisher ›vergessenen‹ Einkünfte.

> ☺ Es erfolgt keine Meldung an die Straf- und Bußgeldsachenstelle des Finanzamtes. Die Sache ist somit vom Tisch.

Möglichkeit 2: Obwohl Ihnen sogenanntes ›rechtliches Gehör‹ durch die Anfrage des Finanzamtes gewährt wurde, beantworten Sie die Fragen nicht, in der Hoffnung, die Sache würde in Vergessenheit geraten. Das Finanzamt schickt ein Erinnerungsschreiben mit Fristsetzung zur Klärung des Sachverhaltes. Sie klären den Sachverhalt jetzt hinreichend auf.
Folge: Sie erhalten einen geänderten Steuerbescheid.

> ☺ Die Straf- und Bußgeldsachenstelle wird auch diesmal nicht informiert.

Möglichkeit 3: Sie lassen die Beantwortungsfrist verstreichen. Das Finanzamt ermittelt weiter z. B. durch Auskunftsersuchen aufgrund der vorliegenden Kontoauszüge.
Folge: Die Maschinerie der Steuerfahndung läuft an.

> 💣 Da ein Anfangsverdacht vorliegt, erfolgt eine Meldung an die Straf- und Bußgeldsachenstelle.

Eigener Aufgriff – wenn die Fahnder von selbst aktiv werden

Aufgrund des sogenannten Legalitätsprinzips sind die Beamten der Steuerfahndung als Fiskalpolizei gesetzlich verpflichtet, dann selbst ein Strafverfahren einzuleiten, wenn sie Straftaten entdecken, auch wenn dies in der Freizeit erfolgt.

<u>Das Beispiel mit dem Kneipenbesuch:</u>

Der Fahnder Fuchs sitzt in der Kneipe und hört, wie sein Tresennachbar mit ›heimlichen Einnahmen‹ prahlt, von denen er sich einen roten Ferrari kaufen konnte. Der Steuerfahnder ist jetzt gesetzlich verpflichtet, das polizeiliche Kennzeichen aufzunehmen und ein Strafverfahren einzuleiten.

Wann darf die Steuerfahndung überhaupt informiert werden?

Ein bloßer Verdacht, Gerüchte und vage Vermutungen reichen nicht für die Meldung an die Strafsachenstelle aus. Es muß ein konkreter, objektivierbarer Sachverhalt vorliegen, der an die Strafsachenstelle zu melden ist, die dann aufgrund ihrer staatsanwaltlichen Befugnisse das Strafverfahren gegen den/die Steuerpflichtigen einleitet.

<u>Beispiele für konkrete Tatverdächtigungen:</u>

- Sie geben keine Steuererklärungen ab.
- Sie geben unvollständige Steuererklärungen ab, indem Sie Einkünfte ganz oder teilweise verschweigen.
- Privatausgaben werden als beruflich veranlaßt dargestellt.
- Fiktive Ausgaben (Werbungskosten, Betriebsausgaben, Sonderausgaben, außergewöhnliche Belastungen) werden entlarvt.
- Gefälschte Ausgabenbelege, u. a. um Vorsteuerabzugsbeträge geltend zu machen, fallen auf.

- Nicht gebuchte Betriebsausgaben (insbesondere Wareneinkäufe), durch die Betriebseinnahmen kaschiert werden sollten, fallen auf.
- Ungeklärte Vermögenszuwächse aus dubiosen Quellen (Einnahmen von Auslandskonten, fingierte Darlehensverträge zwischen Angehörigen, Lottogewinne) fallen dem Finanzamt auf oder werden dort angegeben.
- Geldtransfers auf Auslandskonten oder Konten einer Steueroase sind aus Kontobelegen erkennbar.
- Unterschlagene Auslandseinkünfte und Auslandsvermögen tauchen auf Kontoauszügen auf.
- Ein Unternehmen wird als Gewerbebetrieb dargestellt, obwohl es sich um persönliche Liebhaberei handelt.

Die Einleitung eines Steuerstrafverfahrens

Wird ein konkreter Tatverdacht festgestellt, so wird die BuStra (Buß- und Strafsachenstelle) informiert, die ein Strafverfahren einleitet. Aufgrund des erwähnten Legalitätsprinzips müssen die Beamten das Vergehen jetzt von Staats wegen verfolgen.

> 💣 Über diesen Vorgang wird der Steuerpflichtige nicht informiert, damit dieser keine Möglichkeit mehr zur Abgabe einer strafbefreienden Selbstanzeige hat!

Dem Beschuldigten wird die Einleitung des Strafverfahrens spätestens dann mitgeteilt, wenn er zu den Beschuldigungen Auskunft geben muß. Der Steuersünder muß über sein Recht belehrt werden, die Aussage verweigern zu können.

> ☺ Vor dieser Rechtsbelehrung darf er nicht ausgefragt werden!

Es ist ratsam, die Angelegenheit einem Rechtsanwalt zu übergeben, der jedoch bei der Vernehmung des Beschuldigten und der Mittäter nicht zugegen sein darf.
Ist das Strafverfahren einmal eingeleitet, so hat die Steuerfahndung unbegrenzte Möglichkeiten, an alle Daten des Steuerpflichtigen zu gelangen!

> Im Rahmen ihrer Ermittlungen haben die Steuerfahnder weitaus größere Kompetenzen als die Polizei.

Die Polizei darf z. B. Unterlagen beschlagnahmen, jedoch nicht einsehen. Die Papiere müssen versiegelt der Staatsanwaltschaft vorgelegt werden. Die Steuerfahndung dagegen hat das Recht zur Einsichtnahme in die Unterlagen.
In einem Strafverfahren sind alle Beteiligten auskunftspflichtig, z. B. Behörden, Banken etc. Eingeleitet werden darf das Steuerstrafverfahren durch

- Finanzbehörden,
- Staatsanwalt,
- Straf- und Bußgeldsachenstellen,
- Polizei,
- Steuerfahnder als Hilfsbeamte des Staatsanwaltes,
- Strafrichter.

Was dürfen Steuerfahnder, wie wird gearbeitet?

Die Ermittlungen der Steuerfahndung werden in den meisten Fällen die folgenden Punkte umfassen:

- Entgegennahme von Strafanzeigen,
- Auskunftsersuchen an Behörden, Banken, Versicherungen usw.,
- Auskunftsersuchen an Mieter, Kunden, Geschäftspartner usw.,

- Vernehmung von Beschuldigten, Mittätern, Beteiligten,
- Identitätsfeststellung von Verdächtigen und Mittätern,
- Vernehmung von Zeugen,
- Hausdurchsuchungen (erfolgen dann fast immer) von Betriebs- und Privaträumen,
- Beschlagnahmung von Unterlagen, Gegenständen, Fotos, Dokumenten, EDV-Material,
- Sicherstellungen von Beweismitteln aller Art,
- sofortige vorläufige Festnahmen (Untersuchungshaft) bei Fluchtgefahr und/oder Gefahr im Verzug bzw. bei Durchsuchungsstörungen.

Nicht beschlagnahmefähig sind

- Tagebücher, soweit sie der Intimsphäre angehören,
- Testamente wegen Verletzung des Persönlichkeitsrechts (BGH, 30. 3. 1994).

Die Vorermittlungen der Steuerfahnder erstrecken sich manchmal über einen langen Zeitraum, bis irgendwann der Durchsuchungsbeschluß vorliegt. Der ist aber eigentlich gar nicht notwendig, denn die Steuerfahnder dürfen sich

- gewaltsam Zutritt zu Räumen des Verdächtigen verschaffen, wenn Gefahr im Verzug liegt und/oder Flucht- und Verdunkelungsgefahr besteht.

Besteht der Verdacht einer bestimmten, genau bezeichneten Straftat, können Staatsanwalt und Straf- und Bußgeldsachenstellen

- Auskünfte über zurückliegende Telefongespräche und Telegramme

einholen, die die Aufzeichnungen zweifelsfrei dokumentieren.

> ☺ In einem Steuerstrafverfahren dürfen keine Telefone abgehört werden.

Die Arbeitsmethoden: Nicht ganz fein, aber wirksam

Steuerfahnder statten ihre Hausbesuche meistens um sechs Uhr früh ab – unangemeldet, natürlich. Dadurch werden die ›Zielpersonen‹ noch fast aus dem Tiefschlaf geholt. Dies erzeugt bei den Betroffenen einen nicht unerheblichen psychologischen Druckeffekt.

- Sie sind noch nicht angezogen,
- die Kinder laufen verstört herum,
- die Nachbarn sind noch zu Hause und bekommen alles mit.

Die Fahnder rechnen um diese unchristliche Uhrzeit am ehesten mit freiwilligen Geständnissen. Zudem sind um diese Uhrzeit meistens alle Familienangehörigen – und damit oft die Mittäter – zugegen.

> Sind die Steuerfahnder im Haus, so haben Sie praktisch jegliche Chancen zur Schadenbegrenzung verspielt. Für eine strafbefreiende Selbstanzeige ist es nun sowieso zu spät.

Sie dürfen

- sich nicht allein anziehen,
- nicht allein die Toilette aufsuchen,
- nicht allein telefonieren,
- sich nicht ohne Begleitung eines Fahnders frei in Ihrem eigenen Haus bewegen,
- sich nicht ohne zuhörenden Fahnder mit Angehörigen unterhalten (denen Sie ja Anweisungen zur Beseitigung von Unterlagen erteilen könnten).

Sogar dann, wenn Sie Ihren Anwalt oder Steuerberater anrufen möchten, wählt der Fahndungsbeamte die Telefonnummer für Sie und ist selbstverständlich beim Telefonat zugegen.

> Die Fahndungsbeamten kommen immer in Begleitung anderer Beamter, Fahnder können außerdem bewaffnet sein. Deshalb ist Widerstand völlig zwecklos und kann Ihre Situation nur verschlimmern.

Blitzübersicht:
So läuft ein Standardfall bei der Steuerfahndung ab

1.	Fahndungsaufgriff	anonyme Anzeigen, Kontrollmitteilungen, Mitteilung der Veranlagungsstelle, Betriebsprüfungen, eigener Aufgriff, Ermittlungsauftrag der Staatsanwaltschaft oder Bußgeld- und Strafsachenstelle, Kontrollmitteilung anderer Behörden
2.	Verdachtsprüfung	Einleitung des Strafverfahrens, strafrechtlicher Anfangsverdacht, Bekanntgabe und rechtliche Belehrung des Beschuldigten
3.	Beweiserhebung	Durchsuchungen, Beschlagnahmungen, Vernehmungen, Ermittlungen bei Behörden und Banken
4.	Abschluß der Ermittlungen	Schlußbesprechung, strafrechtlicher Bericht für BuStra oder Staatsanwalt, steuerlicher Bericht fürs Finanzamt
5.	Entscheidung der Strafsachenstelle oder Staatsanwalt	Verfahrenseinstellung, Beantragung des Strafbefehls, Bußgeldbescheid, Anklageerhebung
6.	Strafgerichtsverfahren	Urteil
7.	Urteilsvollstreckung	Geldstrafenvollzug, Vollzug von Freiheitsstrafen, Überwachung steuerlicher und strafrechtlicher Auflagen

Blitzübersicht zur Beschlagnahme

(Gilt für alle Gegenstände, die als Beweismittel in Strafsachen dienen können, §§ 94 ff. StPO)

förmliche Beschlagnahme
§ 94, II StPO

Erzwingung der Herausgabe (beim Beschuldigten nicht möglich), § 95, II StPO

Gegenstände, die **nicht beschlagnahmefähig** sind
§§ 96 und 97 StPO

Schriftliche Mitteilungen zwischen Beschuldigtem und Angehörigen laut § 52 StPO gemäß § 97, I Nr. 1 StPO,
Schriftliche Mitteilungen zwischen Beschuldigtem und Zeugnisverweigerungsberechtigten laut §§ 53, I Nr. 1–3, 53 e StPO (Ärzte, Anwälte, Steuerberater usw.) gemäß § 97, I Nr. 1 StPO*,
Aufzeichnungen von Zeugnisverweigerungsberechtigten gemäß § 97, I Nr. 2 StPO,
Andere Gegenstände der Zeugnisverweigerungsberechtigten gemäß § 97, I Nr. 3 StPO

Bestimmte amtliche Schriftstücke § 96 StPO,
Schriftstücke von Abgeordneten laut §§ 53, I Nr. 4, 53e StPO gemäß § 97, III StPO,
Schriftstücke im Gewahrsam von Redakteuren usw. laut § 53, I Nr. 5 StPO gemäß § 97, V StPO,
Gegenstände, die sich im Besitz von sogenannten Exterritorialen befinden gemäß § 18–20 GVG

Voraussetzung

- Die Gegenstände befinden sich im Gewahrsam der Zeugnisverweigerungsberechtigten (§ 97, II S. 2 StPO) oder im Gewahrsam des Krankenhauses o. ä. (§ 97, II S. 2 StPO)

* Siehe Nr. 59 AStBV wegen Buchführungsunterlagen bei Beratern und Nr. 59 AStBV wegen Ärztekartei.

- Der Zeugnisverweigerungsberechtigte wird nicht einer Teilnahme, Begünstigung, Strafvereitelung oder Hehlerei verdächtigt (§ 97, II S. 3 StPO)
- Es geht nicht um Deliktgegenstände (§ 97, II S. 3 StPO)

↓

Voraussetzung

↓

- Die Gegenstände befinden sich im Gewahrsam einer Person und werden nicht freiwillig ausgehändigt oder
- der Gewahrsamsinhaber ist nicht anwesend

→ Postbeschlagnahme §§ 99, 100, 101 StPO

↓

Anordnung

→ Es ist Gefahr im Verzug (§ 98, I StPO) StA, Hilfsbeamter der StA (außer Postbeschlagnahme)

↓

Richter (§ 98, I StPO)

↓

Zuständiger Richter

↓

Zuständigkeit für Antragstellung (StA), StrabuSt

↓

Formvorschriften (§ 98, II StPO): Die richterliche Bestätigung muß innerhalb von drei Tagen nachgeholt werden, sofern

- der Betroffene oder ein Angehöriger nicht anwesend war oder
- der Betroffene oder, bei dessen Abwesenheit, ein erwachsener Angehöriger Widerspruch erhoben hat

↓

↓ ↓ ↓

Begründung des Antrags

Zuständiges Gericht für die Bestätigung

↓

Nichtförmliche Beschlagnahme
einfache amtliche Inzurverwahrnahme oder Sicherstellung
§ 94, I StPO

↓

Voraussetzung

↓

- Die Gegenstände werden freiwillig ausgehändigt oder
- die Gegenstände sind gewahrsamslos

↓

Anordnung: Jeder Beamte mit staatsanwaltlichen oder polizeilichen Befugnissen

↓

Formvorschrift: Anfertigung und Aushändigung einer Liste der beschlagnahmten Gegenstände (§ 107 StPO)

Blitzübersicht zur vorläufigen Festnahme
(§ 127 StPO)

§ 127, 1	§ 127, II
↓	↓
vorläufige Festnahme durch jedermann	vorläufige Festnahme durch StA, Hilfsbeamte der StA und Polizeibeamte
↓	↓
Der Täter wird auf frischer Tat angetroffen oder verfolgt	Gefahr im Verzuge
↓	↓
Der Täter wird der Flucht verdächtigt oder seine Identität ist nicht sofort festzustellen	Haftbefehl, wenn
	↓
• Es liegt dringender Tatverdacht vor (§ 112, I StPO) • Der Grundsatz der Verhältnismäßigkeit ist gewahrt (§ 112, I StPO)	← ← Voraussetzungen nach § 112, I StPO erfüllt sind
	↓
↙	• Es liegt ein Haftgrund nach § 112, I StPO vor
	↓
Fluchtgefahr (§ 112, II Ziffer 1 und 2 StPO)	Verdunkelungsgefahr (§ 112, II Ziffer 3 StPO)
↓	↓

↓

Wenn Tatsachen dafür sprechen, daß
- der Beschuldigte flüchtig ist oder sich versteckt oder
- der Beschuldigte sich voraussichtlich dem Strafverfahren entziehen wird

↓

Wenn das Verhalten des Beschuldigten darauf hindeutet, daß
- er Beweismittel fälschen,
- beiseite schaffen, verändern, unterdrücken,
- er Verfahrensbeteiligte (Mitschuldige, Gutachter, Zeugen) in unlauterer Absicht und Weise beinflussen oder
- andere Personen dazu veranlassen will

und deshalb die Gefahr einer erschwerten Wahrheitsfindung droht

und

Liegt der Strafrahmen unter 6 Monaten (oder Geldstrafe), kommt bei Haftgrund Fluchtgefahr (§ 113, 2 Ziffer 1 StPO) in Betracht

und

Der Strafrahmen über 6 Monate bzw. 180 Tagessätze hinausgeht (§ 113, I StPO, was bei Steuerhinterziehung der Fall ist: § 370 AO)

Formvorschriften (§ 128, I StPO):
Sofern der Festgenommene nicht wieder auf freien Fuß gesetzt wird (weil z. B. die Festnahmegründe weiterhin Bestand haben), ist er unverzüglich, jedoch spätestens am Tag nach seiner Festnahme dem Richter des Amtsgerichts, in dessen Bezirk die Festnahme erfolgt ist, vorzuführen
– § 386 (3) AO.
Wird ein Haftbefehl erlassen, so ist das Verfahren an die StA abzugeben.

So sieht der Abschluß des Verfahrens aus

Der Steuerfahnder fertigt zwei Berichte an:

1. Der steuerliche Bericht geht an das Finanzamt,
2. ein weiterer Bericht geht an die Bußgeld- und Strafsachenstelle,

die die Auswertung übernimmt und die Anklage für den Staatsanwalt fertigt.

Nachdem die Steuerfahnder fündig geworden sind, erfolgt die Mitteilung an die Bußgeld- und Strafsachenstelle, die die Aufgaben des Staatsanwaltes übernimmt. Die Bußgeld- und Strafsachenstelle wertet die Ermittlungen der Steuerfahndung aus und fertigt die Anklage für den Staatsanwalt. Dann folgt entweder ein Bußgeldverfahren in kleineren Fällen (leichtfertige Steuerverkürzung) oder ein Strafverfahren mit Verurteilung in schwereren Fällen (Steuerhinterziehung).

Mit welchen Strafen müssen Sie bei Steuerhinterziehung rechnen?

Steuerhinterziehungen werden (nach § 370 AO) entweder mit Freiheits- oder Geldstrafe sanktioniert, beides zusammen ist seit 1. 1. 1975 nicht möglich. Sogar der Versuch der Steuerhinterziehung ist bereits strafbar.
Es kann jedoch in Fällen schwerer Wirtschaftskriminalität auch Geldstrafe neben Freiheitsstrafe verhängt werden, wenn sich der Täter durch die Hinterziehung bereichern wollte oder sich bereichert hat, was bei Steuerhinterziehung eigentlich immer das Motiv ist.
Die verhängte Strafe hängt immer vom Einzelfall ab und richtet sich z. B.

- nach der Schwere des Falles,
- nach bestehenden Vorstrafen wegen Steuerdelikten,

Ist der Beklagte nicht kooperationsbereit und will statt dessen die Früchte seiner Tat sichern, so wirkt dies meist strafverschärfend.
Zeigt er Reue, sichert sowohl alle Steuernachzahlungen sowie künftiges steuerehrliches Verhalten zu und hat zudem keine diesbezüglichen Vorstrafen, so wirkt dies strafmildernd. Besteht keine Flucht- oder Verdunkelungsgefahr, so bestehen reelle Chancen, mit Geld- statt mit Gefängnisstrafen wegzukommen.

So hoch können Geldstrafen ausfallen

Der Richter verhängt Geldstrafen in Tagessätzen, die sich nach dem Einkommen des Verurteilten richten. Der Tagessatz soll dabei immer dem Tageseinkommen des Verurteilten entsprechen.

> ☺ Der Anteil der Geldstrafen beträgt über 80 % – es ist also wahrscheinlich, bei einem Gerichtsverfahren ohne Haftstrafe davonzukommen.

Für die Geldstrafen gilt das Tagessatzsystem, der Richter bestimmt

- Tagessatzzahl,
- Tagessatzhöhe und
- eventuelle Erleichterungen bei der Zahlung.

Die Geldstrafe beträgt (nach § 40 Abs. 1 Satz 2 StGB) mindestens fünf und höchstens 360 (bzw. 720 bei Tatmehrheit) Tagessätze, wobei die sogenannte Mittelwertmethode angewandt wird.

Höhe der hinterzogenen Steuer	**je ... DM entsprechen einem Tagessatz**	**Höchstzahl der Tagessätze**
bis zu DM 20 000,–	DM 250,–	80
mehr als DM 20 000,–	DM 500,–	80
bis zu DM 100 000,–	DM 500,–	80+160 = 240
mehr als DM 100 000,–	DM 750,–	240+120 = 360

Beispiel: Herr Schlaumann hinterzog DM 60 000,– Einkommensteuer, es wird folgende Tagessatzzahl festgesetzt:

- für den Betrag bis DM 20 000,– gibt es 80 Tagessätze
- der darüberliegende Betrag von DM 40 000,– wird durch 500 geteilt, dies ergibt weitere 80 und somit insgesamt 160 Tagessätze.

Weiter wird die Tagessatzhöhe festgelegt, die sich nach den persönlichen und wirtschaftlichen Verhältnissen des Täters richtet. Hierbei werden Vermögen und Einkommen zugrundegelegt, Unterhaltsverpflichtungen werden berücksichtigt, jedoch keine steuerlichen Freibeträge (z. B. Abschreibungsbeträge für Immobilien).
Die Höhe der Tagessätze liegt zwischen mindestens DM 2,– und höchstens DM 10 000,–.

> Gemessen an den Tagessatzzahlen bewegt sich der Geldstrafenrahmen also zwischen mindestens DM 10,– bzw. DM 720,– und höchstens DM 50 000,– bzw. DM 3 600 000,–.

Bei Steuerverkürzungen bis DM 130 000,– müssen Sie ›nur‹ mit Geldstrafen rechnen.

Auch wenn Sie nicht Tennis spielen, drohen Gefängnisstrafen

Diese betragen zwischen sechs Monaten und bis zu zehn Jahren – je nach Schwere des Falles und nach Vorstrafen in Steuerdelikten. Für Wiederholungstäter fällt die Strafe entsprechend höher aus, da sie abschreckend wirken soll. Hier urteilt der Richter immer individuell.
Bei einer Steuerverkürzung von ca. DM 130 000,– muß mit einer Freiheitsstrafe von ca. einem Jahr auf Bewährung gerechnet werden. Bei einer Steuerverkürzung von ca. DM 250 000,– gibt es zwei Jahre auf Bewährung.

Bußgeldverfahren bei leichtfertigen Steuerverkürzungen

Werden Sie nicht vor das Strafgericht zitiert, können Sie in weniger schweren Fällen mit einem Bußgeldverfahren davonkommen.
Dies ist bei der leichtfertigen Steuerverkürzung (i. S. § 378 AO) üblich.

Wichtigster Unterschied zum Strafverfahren ist bei einem Bußgeldverfahren, daß nach dem Opportunitätsprinzip gehandelt wird. Es steht im Gegensatz zum Legalitätsprinzip bei einem Strafverfahren. Es besteht hier kein Verfolgungszwang, die Verfolgung liegt im Ermessen der Bußgeld- und Strafsachenstelle. Bei einem Bußgeldverfahren gibt es weder Festnahmen noch Verhaftungen.

> Auch leichtfertige Steuerverkürzungen werden mit einer Geldstrafe bis zu DM 100 000,– bestraft.

Mit welchen Auflagen müssen Sie – auch ohne Strafverfahren – in jedem Fall rechnen?

Werden Sie aufgrund eines Freispruchs oder einer Selbstanzeige nicht bestraft, so müssen Sie dennoch für die hinterzogenen Steuern (i. S. § 370 AO) Hinterziehungszinsen (nach § 235 AO) in Höhe von 0,5 % je angefangenem Monat entrichten, dies entspricht dem noch sehr moderaten Satz von 6 % pro Jahr. Nachzahlungszinsen von Steuerforderungen i. S. § 233 a, die für denselben Zeitraum festgesetzt wurden, werden dabei angerechnet.

Steuerfahndung bei Banken und die Folgen für den Bankkunden

Seit 1994 werden Kapitalanleger von den umfangreichen und publicityträchtigen Steuerfahndungsaktionen bei deutschen Großbanken in Angst und Schrecken versetzt.
Ganze Scharen von Steuerfahndern halten Einzug in Filialen und Bank-Zentralen, um aufgrund vorher gewonnener Erkenntnisse die Beschuldigten strafrechtlich zu belangen und sie zur Kasse zu bitten.
Der Anleger, der sein Geld in bar bei der ausländischen Bank eingezahlt hat, muß (in diesem Fall) nichts befürchten,

da bei ausländischen Banken häufig nicht ermittelt werden kann.
Bei Überweisungen von Inlandskonten auf Auslandskonten, evtl. sogar mit anonymen Codierungen oder Scheckeinzahlungen, werden die Beamten jedoch schnell fündig.

Was steckt hinter den Ermittlungen bei Banken?

Es bestand begründeter Verdacht, daß Bankangestellte Beihilfe zur Steuerhinterziehung geleistet haben, damit Bankkunden Schwarzgeld mit anonymen Barschecks ins Ausland transferieren konnten. Dabei wurden in einigen Fällen sogar Geldtransfers ins Ausland ohne Namensnennung und nur mit einer Nummernangabe durchgeführt.
Durch die medienwirksamen, öffentlich ausgetragenen Fahndungsaktionen sollen Kapitalanleger und Bankangestellte unter Druck gesetzt werden. Motto: Legt lieber gleich Geständnisse ab, um straffrei auszugehen. Diese Wirkung wird sogar bei Anlegern und Angestellten von Banken erzielt, die noch nicht geprüft wurden, dies jedoch befürchten.
Die so erzielten Steuermehreinnahmen verbuchen die Steuerfahnder dann als ihre Mehrergebnisse.
Viele Kapitalanleger haben tatsächlich ausländische Kapitalerträge in Deutschland nie versteuert. Zudem handelt es sich bei diesem im Ausland angelegten Kapital meistens um Schwarzgeld.
Die Steuerfahnder konnten bei den Banken Unterlagen beschlagnahmen und hatten somit hinreichendes Beweismaterial. Die Durchsuchungen und Beschlagnahmungen des Beweismaterials waren/sind jedoch nur möglich, da vorher bereits konkreter Tatverdacht vorlag. Gegen Bankangestellte wurde jedoch bis zum Erscheinen dieses Buches mangels konkreten Verdachts weder Anklage erhoben noch Strafbefehl erlassen!
Pech haben nur die Betroffenen, bei denen die Aushebelung des Bankgeheimnisses bereits zu Erfolgen für die Steuer-

fahnder geführt hat und die strafrechtlich schon belangt wurden!

Fahndung bei Banken – was kommt da heraus, wonach wird gesucht, was ist verräterisch?

- Bei Außenprüfungen werden häufig Schwarzgeldkonten und/oder Auslandskonten festgestellt. Diese werden von den Prüfern besonders registriert. Häufen sich die Fälle bei bestimmten Banken, so könnte der Beweis vorliegen, daß die Bank Beihilfe zur Steuerhinterziehung leistet.
- Steuerdenunzianten können der Steuerfahndung ›unübliche‹ Geschäftspraktiken von Banken mitteilen, wobei es sich dann natürlich um Anzeigen Dritter und nicht von den Bankkunden selbst handelt.
- Die Veranlagungsstellen prüfen die Unterlagen der Steuerpflichtigen und stellen zufällig und/oder bei weiteren stichprobenhaften Belegprüfungen fest, daß die Geschäftspraktiken einer bestimmten Bank ›unüblich‹ sind.
- Selbstanzeigen von Kapitalanlegern, bei denen nachträglich die bisher verschwiegenen steuerrelevanten Unterlagen vorgelegt werden, runden das Bild ab.
- Selbstanzeigen von Bankmitarbeitern, die aufgrund der Vielzahl der Bankenfahndungen mittlerweile die ›Flucht nach vorn‹ vorziehen, um straffrei auszugehen, geben den Rest.

> Durch die Fahndungsaktionen bei Banken erhält die Steuerfahndung auch Erkenntnisse über sonst steuerehrliche Bankkunden. Durch Sammelauskunftsersuchen können umfangreiche Auskünfte über Auslandskonten eingeholt werden. Sobald Auslandsbeziehungen festgestellt werden, werden diese überprüft.

Kurzum: Für den Steuerschummler sieht es ›schwarz‹ aus!

Wie zieht der betroffene Anleger den Kopf aus der Schlinge?

Der Steuersünder hat die Möglichkeit der Selbstanzeige (nach § 371 AO) trotz laufenden Ermittlungsverfahrens gegen die Bank! Grund: Das Ermittlungsverfahren gegen den Bankkunden kann erst eingeleitet werden, wenn sich bestätigt, daß z. B. die ausländischen Kapitalerträge und das Auslandsvermögen tatsächlich nicht in den betreffenden Jahren versteuert wurden. Hierzu müssen die Beamten jedoch erst die Steuerakten der Veranlagungsstellen einsehen. Zudem müssen die Beamten auch die belastenden Kontounterlagen gefunden haben, denn eine bloße Auslandsüberweisung reicht noch nicht als Beweis für eine begangene oder versuchte Steuerhinterziehung.

☺ Während dieser Zeit kann der Betroffene seine Steuersünden noch beichten, um straffrei auszugehen. Straffreiheit kann jedoch nur erlangt werden, wenn sämtliche Steuern und Hinterziehungszinsen auch entrichtet werden.

💣 Wurde das strafrechtliche Ermittlungsverfahren gegen Sie jedoch schon eingeleitet, gilt: Rien ne va plus! Haben Sie die Steuerpolizei schon im Haus, können Sie nicht mehr straffrei ausgehen.

Werden die Steuerfahnder fündig, kommen diese auch direkt zu Ihnen ins Haus, um möglichst schnell weiteres Beweismaterial zu sichern und eine eventuelle Flucht der Beschuldigten zu verhindern.

Wann ist bei Bankenfahndung eine Selbstanzeige sinnvoll?

Auch wenn Sie in Erfahrung bringen konnten, daß gerade bei Ihrer Bank eine Fahndungsaktion im Gange ist, ist es

nicht unbedingt ratsam, panikartig eine Selbstanzeige zu erstatten.
Wenn Sie gute Nerven haben, können Sie es auch darauf ankommen lassen, ob die Steuerfahnder überhaupt Beweismaterial gegen Sie finden können. Denn ohne Namen und Beweise drohen keine strafrechtlichen Konsequenzen.

☺ Falls Sie sicher sind, daß Ihr Name unentdeckt bleibt, so erübrigt sich eine Selbstanzeige. Sie können nur strafrechtlich verfolgt werden, wenn Ihnen die jährlich angelegten Beträge und die daraus erzielten Zinsen genau nachzuweisen sind.

Möglichkeit 1: Sie erstatten Selbstanzeige, gehen straffrei aus, müssen jedoch Steuern auf nacherklärtes Vermögen und Erträge zuzüglich Hinterziehungszinsen zahlen.

Konsequenz 1: Ein teurer Spaß!

Möglichkeit 2: Sie lassen es darauf ankommen.

Konsequenz 2 negativ: Die Fahnder finden belastende Kontounterlagen und Schriftverkehr, aus denen eindeutig für die betreffenden Jahre die Höhe der Guthaben und verschwiegenen Erträge hervorgehen. Es folgt ein Strafverfahren.

Konsequenz 2 positiv: Die Fahnder finden kein belastendes Beweismaterial, weder bei der Bank selbst noch bei einer Hausdurchsuchung in Ihrer Wohnung, da Sie die entsprechenden Unterlagen nicht zu Hause aufbewahren.

☺ Noch einmal sei der Hinweis gegeben, daß nur der Hinweis auf eine Auslandsüberweisung oder die Existenz eines Auslandskontos für eine Strafverfolgung nicht ausreichen. Die hinterzogenen Beträge müßten dann vom Finanzbeamten geschätzt werden, was weder die Finanzgerichte noch die Strafgerichte akzeptieren.

Sind Sie sicher, daß die Finanzbeamten keine ausreichenden beweiskräftigen Unterlagen gegen Sie finden können, so sprechen Sie mit Ihrem Steuerberater oder Rechtsanwalt, ob eine Selbstanzeige nicht besser ausbleiben sollte. Denn da müssen Sie in jedem Fall Steuern plus Hinterziehungszinsen nachzahlen, deren Hinterziehung die Finanzbeamten höchstwahrscheinlich selbst nicht nachweisen können!

Wann tritt Strafverfolgungs-Verjährung ein?

- Die Verjährungsfrist für leichtfertige Steuerverkürzung beträgt 5 Jahre. Die Verjährung beginnt, sobald die Tat beendet ist. Für die Tatbeendigung bei Veranlagungssteuern (z. B. Einkommensteuer) ist die Festsetzung im Steuerbescheid und dessen Bekanntgabe relevant.

Beispiel: Sie haben für das Jahr 1993 Ihre Einkünfte aus Kapitalvermögen nicht versteuert und erhalten Ihren Einkommensteuerbescheid 1993 mit zu niedrigen Einkünften am 30. 7. 1994. Ab diesem Zeitpunkt beginnt die fünfjährige Verjährungsfrist.
Die Verjährungsfrist für Steuerhinterziehung (nach § 370 AO)

- beträgt 5 Jahre (früher 10) durch den Wegfall des sogenannten strafrechtlichen Fortsetzungszusammenhangs. Das bedeutet, daß für alle Veranlagungszeiträume, die länger als 5 Jahre zurückliegen, Strafverfolgungsverjährung eingetreten ist.

☺ Für Veranlagungszeiträume, die länger als 5 Jahre zurückliegen, muß folglich auch keine Selbstanzeige mehr abgegeben werden.

Trügerische Sicherheit: Das Schwarzgeld im Ausland

Nicht nur Unternehmer verlagern ihre Einkünfte in niedrig besteuerte oder steuerfreie Paradiese. Auch viele Privatleute erkennen immer mehr für sich die Notwendigkeit, der immer fester gezogenen Steuerschraube zu entkommen. Die häufigsten Gründe hierfür sind:

- Geheimhaltung von Schwarzgeld und/oder Schwarzvermögen,
- Umgehung der 30prozentigen Zinsabschlagsteuer zuzügl. Solidaritätszuschlag,
- Steuervermeidung für die Erträge bzw. das Vermögen im Inland.

Als ungerecht mag es da erscheinen, was Unternehmen tun. Gründen sie nämlich Tochterfirmen in niedrig besteuerten Ländern und lagern somit bestimmte Abteilungen und Steuerzahlungen aus, zählt dies zur legalen Steuergestaltung, da hier nur die gesetzlich festgelegten Doppelbesteuerungsabkommen ausgeschöpft werden.
Privatleute vertuschen jedoch oft gänzlich ihre wirtschaftlichen Auslandsaktivitäten oder beachten bei ausländischer Firmengründung nicht die vorgeschriebenen Spielregeln.
Steuerflüchtlinge haben die Möglichkeit,

- ganz in eine Steueroase auszuwandern,
- nur ihre Firma ins Ausland zu verlegen,
- im Ausland Tochterfirmen zu gründen,
- im Steuerparadies nur Kapital/Vermögen anzulegen, ohne den Wohnsitz im Inland abzumelden.

Alle genannten Alternativen bergen Gefahren, wobei es noch eine Vielzahl von Kombinationsmöglichkeiten für wirtschaftliche Auslandsaktivitäten bezüglich der angestrebten Steuererleichterungen gibt.

Was macht die Faszination der Steueroasen aus?

Spätestens seit Einführung der 30prozentigen Zinsabschlagsteuer und des Solidaritätszuschlags ist die Faszination von Steuerparadiesen auch auf Normalverdiener übergesprungen. Steueroasen sind meistens kleine Länder, wirtschaftlich und politisch schwach und industriell oft unterentwickelt. Hiervon abzugrenzen sind die ökonomisch und politisch stabilen Steueroasen wie Luxemburg, Liechtenstein, Schweiz, Monaco etc.

☺ Diese Länder locken mit niedrigen Einkommen- und Körperschaftsteuersätzen, einige können sogar ohne Veranlagungssteuern existieren und finanzieren sich nur durch Kommunalsteuern oder Spielbankeinnahmen (Monaco).

Falls Sie mit einer Steueroase liebäugeln, sollten Sie folgende Kriterien berücksichtigen: Ihre gewählte Steueroase sollte

- nicht zu weit von Ihrem Hauptwohnsitz oder Hauptgeschäftsgebiet entfernt, also mühelos und schnell erreichbar sein,
- einen Nullsteuersatz für natürliche Personen und Firmen offerieren,
- schnelle und leichte Firmengründungen ermöglichen,
- Einwanderungsmöglichkeiten ohne umständliche Formalitäten bieten,
- niedrige Lebenshaltungskosten bei hoher Lebensqualität garantieren.

Es wird jedoch schwierig sein, alle genannten Anforderungen in einer Steueroase vereinigen zu können.
Sollten Sie Ihren Hauptwohnsitz im Inland behalten und Einkünfte aus dem Ausland beziehen (z. B. Zinsen, Dividenden, Vermietungseinkünfte), so bleiben Sie in Deutschland unbeschränkt steuerpflichtig. Sogenannte Doppelbesteuerungsabkommen (DBA) zwischen Deutschland und sehr vielen Staaten vermeiden jedoch, daß Sie in beiden Staaten voll besteuert werden.

☺ Besteht ein DBA, so sind die Einkünfte in Deutschland entweder steuerpflichtig oder steuerfrei, wobei im letzteren Fall die ausländischen Einkünfte jedoch den inländischen Steuersatz beeinflussen (Progressionsvorbehalt).

Besteht kein DBA, so bleiben die Einkünfte auch in Deutschland voll steuerpflichtig, wobei jedoch die auf die ausländischen Einkünfte gezahlten ausländischen Steuern im Inland entweder vom Gesamtbetrag der Einkünfte abgezogen werden können oder auf die deutsche Einkommensteuer angerechnet werden.

Kapitalanlagen im Ausland bieten ihren größten Anreiz darin, daß die einbehaltene Quellensteuer weit unter der in Deutschland seit 1993 eingeführten Zinsabschlagsteuer (plus Solidaritätszuschlag) liegt oder sogar entfällt.
Da diese jedoch bei der jährlichen Einkommensteuerveranlagung wieder wie eine Einkommensteuer-Vorauszahlung angerechnet wird, kann das die Quellenbesteuerung neutralisieren. Da auch die äußerst beliebten Tafelgeschäfte (Wertpapierkauf ohne Legitimation) seit 1993 mit einer sogar 35prozentigen Quellenbesteuerung versehen sind, fand (logischerweise) eine riesige Kapitalflucht ins Ausland statt. Die Folge: Die betreffenden Kapitalanleger versteuern diese Auslandseinkünfte gar nicht mehr.

Dieses ›Vergessen‹ birgt jedoch große Gefahren (siehe Aufdeckung von Auslandsanlagen). Durch die zwischenstaatliche Kooperation und Bankenprüfungen werden immer mehr Anleger strafrechtlich wegen Steuerhinterziehungen verfolgt.

☺ Insbesondere die Banken von der Bundesrepublik geographisch naheliegenden Ländern wie Luxemburg, Liechtenstein und Österreich werden ›gefilzt‹. Beliebt sind hier die grenznahen Banken. Zum Teil wurden sogar Radarfallen angebracht, die Autofahrer fotografieren und somit registrieren, oft erfolgt dies auch schon beim Verlassen der Bank.

Wählen Sie hingegen ein Depot in viel weiter entfernten Ländern wie auf den Bahamas, Bermudas usw., so wird die Sache schon wasserdichter. Sie werden hier nicht in oder vor dem Kreditinstitut fotografiert. Zudem existiert hier kein zwischenstaatlicher Informationsaustausch. Der Nachteil liegt nur in der schwierigeren Erreichbarkeit des Gelddepots. Wenn Sie sich im Inland abmelden und Ihren Wohnsitz ins Ausland verlegen, so werden Sie im jeweiligen ausländischen Staat unbeschränkt steuerpflichtig. Es gelten dann die jeweiligen (meist viel niedrigeren) Steuersätze des betreffenden Landes.
Falls Sie jedoch noch Einkünfte aus Deutschland beziehen (Vermietungseinkünfte, Dividenden), so bleiben Sie hier noch beschränkt steuerpflichtig mit einem Pauschalsteuersatz von 25 %.

Beliebtes Steuermodell hochbezahlter
deutscher Showstars:

Der Wohnsitz wird nach Belgien verlegt (Steuersatz z. Z. noch 30 %). Die Einkünfte werden über eine zwischengeschaltete Firma z. B. auf den niederländischen Antillen bezogen, damit die Einkünfte in Deutschland ganz steuerfrei bleiben.

Bei der zwischengeschalteten Firma darf es sich nicht um eine tote Briefkastengesellschaft handeln.

Ehe Sie Ihr Geld auf Reisen schicken: Anlagen im Ausland sind immer ein Risiko

Diese Risiken sind vielfältig, sie beginnen mit der politischen und wirtschaftlichen Sicherheit und reichen bis zum Todesfall: Notare, Banken und Gerichte sind dann gegenüber den Finanzbehörden auskunftspflichtig. So kann nicht versteuertes Vermögen nach einem Todesfall sowohl im Inland als auch im Ausland ans Tageslicht kommen und die Neugier der Beamten der Erbschaftsteuerstelle wecken.

> Hinweise auf ›geheimes Vermögen‹, die im Testament enthalten sind, können auf den Schreibtischen der Finanzverwaltung landen. Oft wird deshalb auf solche Vermögen nur in gesonderten privatschriftlichen Verfügungen eingegangen.

Der Erbe kann dieses Vermögen jedoch nie wieder weißwaschen und muß es vorsichtig verleben, damit er als Rechtsnachfolger des Verstorbenen keine Steuernachzahlungen (bis zu 10 Jahre rückwirkend) leisten muß.

> Besitzen Erben z. B. für ein schon seit vielen Jahren bestehendes Schweizer Nummernkonto (heute geänderte Rechtslage) nicht das betreffende Codewort, kommen sie an das Vermögen praktisch nicht heran. Sie müssen schon zu Lebzeiten informiert sein. Besteht eine Stiftung oder Gesellschaft in einem Steuerparadies, wird der Treuhänder meist aus demselben Grund schon zu Lebzeiten darüber informiert, welche Erben zu berücksichtigen sind.

> 💣 Schwarzgeld oder Schwarzvermögen aus dem Ausland kann nur schwer wieder weißgewaschen werden. Manche bringen ihr geheimes Geld aus dem Ausland in kleinen Mengen über die Grenze und verleben es dann. Schwarzgeld (sowohl In- als auch Ausland) wird nachvollziehbar und beweisbar, wenn es auf ein Konto im Inland fließt.

Keinesfalls dürfen mit ausländischem Schwarzgeld in Deutschland steuerlich relevante Investitionen getätigt werden, auch wenn Sie nicht über ein Konto gezahlt werden (Wareneinkauf, Personalkosten, Miete, Immobilien etc.). Kritisch kann es sogar sein, eine in Monaco liegende Jacht, die mit Schwarzgeld bezahlt wurde, über eine Verkaufsanzeige in Deutschland anzubieten.
Steuerfahnder lesen Anzeigenteile. Auch der Verkaufserlös fällt auf, wenn er bargeldlos nach Deutschland transferiert wird. Das Geld müßte im betreffenden Land bleiben.

Unterschätzen Sie nicht wirtschaftliche und politische Gefahren

Wirtschaftliche Risiken, auf die Sie keinen Einfluß nehmen können, liegen oft in den weit entfernten Steueroasen, die politisch und ökonomisch instabil sind. Dies trifft z. B. auf viele karibische Staaten zu. Hier bleibt zwar in jedem Fall die Anonymität gewahrt. Was aber nützt diese, wenn die Bank, bei der Ihr Depot verwaltet wurde, Konkurs anmeldet und Sie darüber hinaus 20 Stunden unterwegs sind, um an Ihr Geld zu kommen?
Ist die Steueroase politisch und wirtschaftlich instabil, sind die Bankguthaben nicht durch ausreichende Einlagensicherungen gedeckt. Bei Kapitalanlagen in exotischen Ländern streuen mittlerweile viele Anleger ihr Kapital zur Risikominderung auf mehrere Kreditinstitute.

> 💣 Da den ausländischen Behörden der Oasenländer hinreichend bekannt ist, daß ihre Staaten häufig als Geldwaschsalon mißbraucht werden, ist eine plötzliche Lockerung oder Aufhebung des Bankgeheimnisses oder eine Änderung der Steuergesetze möglich. Das kann auch bei bereits erfolgten Anlagen plötzlich brisant werden.

Seit 29. 11. 1993 existiert z. B. in Deutschland das Geldwäschegesetz, wonach alle Banken bei Bargeschäften ab DM 30 000,– einen Identitätsnachweis des Einzahlers verlangen müssen. Falls dubiose Geldgeschäfte von den Banken konstatiert werden, erfolgt Mitteilung an die entsprechenden Behörden, um die Wirtschaftskriminalität einzudämmen.

> 💣 Auslandsüberweisungen ab DM 5000,– werden – was vielen nicht bekannt ist – bei der Landeszentralbank registriert, was den Finanzbehörden bei gezielten Anfragen eine Kontrollmöglichkeit ermöglicht.

Steuerparadiese, und was man darüber wissen sollte

Andorra

Der Zwergstaat in den Pyrenäen zwischen Frankreich und Spanien verzichtet völlig auf die Erhebung von direkten Abgaben wie Einkommensteuer, Vermögensteuer, Erbschaft- und Schenkungsteuern, was den Fluchtpunkt äußerst attraktiv gestaltet. Zudem wird keine Mindestaufenthaltsdauer gefordert (wie z. B. von 183 Tagen in Monaco). Das Bankgeheimnis ist geschützt, Steuerhinterziehungsfälle sind bis jetzt von deutschen Steuerfahndern nicht entdeckt worden, Kontrollen vor oder in den Banken bzw. an der Grenze blieben bislang aus.

☺ Von Barcelona ist Andorra mit dem Auto in etwa vier Stunden erreichbar. Was gegen Andorra spricht, ist allein die Tatsache, daß es keinen internationalen Flughafen gibt.

Bahamas und Bermudas

Gemeinsam ist beiden Staaten vor der Ostküste der USA die Beliebtheit für Geldwäschegeschäfte. Außerdem erheben die beiden staatlich selbständigen Inseln nur sehr geringe Steuern.

Auf den Bahamas ist das Bankgeheimnis gesetzlich geschützt und wegen Fiskaldelikten wird nicht ausgeliefert. Auskünfte über Bankkonten können nur gerichtlich erwirkt werden. Die Zentralbank versucht selbst, die zahlreichen Geldwäschegeschäfte zu kontrollieren. Insbesondere sind die Banken bei allen größeren Bargeldeinlagen und Devisengeschäften auskunftspflichtig.
Zwischen den Bahamas und Kanada, Großbritannien und den USA besteht ein Abkommen, das Bankgeheimnis bei Strafdelikten aufzuheben. Firmen können unproblematisch gegründet werden. Es besteht kein Doppelbesteuerungsabkommen mit Deutschland. Die Bahamas verzichten auf die Besteuerung von Einkünften, Erträgen und Gewinnen, sie finanzieren sich durch Zölle, Stempel- und Grundsteuern. Zinsen und Dividenden von den Bahamas sind quellensteuerfrei.

💣 Aufgrund der politischen Instabilität und der damit verbundenen Gefahr der schnellen Gesetzesänderungen sind die Bahamas als Steueroasenland nur sehr bedingt empfehlenswert.

Auf den Bermudas herrscht noch eine strenge britische Oberaufsicht, was bedeutet, daß kaum politisches Risiko besteht. Das Bankgeheimnis ist festgeschrieben, jedoch

nicht gesetzlich geschützt. Wegen Fiskaldelikten wird nicht ausgeliefert.
Es besteht nur ein Doppelbesteuerungsabkommen mit den USA. Die Bermudas erheben keine Einkommen-, Körperschaft-, Gewinn-, Quellensteuer oder Steuern auf Veräußerungsgewinne. Der Staatshaushalt wird finanziert durch die Erhebung von Zöllen, Erbschaftsteuern, Lizenzgebühren und Grundsteuern.

> Eine Wohnsitznahme ist wegen der Immigrationsbedingungen sehr schwer, Firmengründungen sind hier wegen der hohen Gründungskosten nicht empfehlenswert. Wegen der weiten Entfernung zu Deutschland und wegen der geringen Bankenauswahl sind die Bermudas als Oasenland nicht besonders empfehlenswert.

Campione

Umgeben von Schweizer Gebiet liegt dieses nur zwei Quadratkilometer große Fischerstädtchen etwa fünf Kilometer von Lugano entfernt. Politisch zählt Campione zu Italien (mit all seinen Instabilitäten), zoll- und währungspolitisch jedoch zur Schweiz. Deshalb profitieren Anleger hier vom Schweizer Bankgeheimnis.
Zwischen Deutschland und Italien besteht zwar ein Doppelbesteuerungsabkommen, dieses wird jedoch von Deutschland für Campione nicht angewendet, da das Städtchen bei der deutschen Finanzverwaltung als Steueroase gilt. Auch besitzt Campione eigentlich keinen Nullsteuersatz – de facto jedoch schon. Das liegt an der sehr nachlässigen Arbeitsweise italienischer Finanzbeamter. Es können, mangels eines Hilfeabkommens zwischen Italien und der Schweiz, auch keine weiteren zwischenstaatlichen Überprüfungen vorgenommen werden.
Es gibt weder Mehrwertsteuer noch Kommunalabgaben. Es

gibt kein einheitliches Steuersystem und keine Druckmechanismen, insofern wird die Abgabe der Steuererklärungen nicht kontrolliert, deren Inhalt ebenfalls nicht.

> ☺ Aufgrund der schnellen Erreichbarkeit und der leichten Wohnsitznahme ist Campione ein empfehlenswertes Steuerparadies. Insider schätzen die Gründung einer Domizilgesellschaft in der Schweiz, die von Campione aus verwaltet wird.

Cayman Islands

Das Bankgeheimnis wird auf der Inselgruppe, die eine britische Kronkolonie ist, strikt eingehalten. Es besteht kein Doppelbesteuerungsabkommen mit Deutschland. Es erfolgen keine Auslieferungen wegen Steuerdelikten. Firmengründungen erfolgen schnell, preiswert und problemlos. Ertragsteuern sind hier unbekannt, erhoben werden nur eine Fahrradsteuer und eine geringe Kopfsteuer für männliche Einwohner. Inaktive Firmen zahlen eine Jahresgebühr von DM 439,–.

> Banken, Versicherungsmakler, Immobilienmakler, Handelsvertreter sind dort zur beruflichen Verschwiegenheit verpflichtet, deshalb zieht die Inselgruppe auch kriminelles Gesindel magisch an. Geldwäschegeschäfte sind an der Tagesordnung, der deutsche Anleger läuft evtl. Gefahr, sein angelegtes Geld nie wieder zu sehen.

Curaçao

Diese Insel gehört zu den niederländischen Antillen in der Karibik, die als wichtigste karibische Steueroase gelten. Die niederländischen Antillen (NLA) bestehen aus fünf Inseln (Bonaire, Curaçao, St. Maarten, St. Eustatius, Saba). Es besteht ein Doppelbesteuerungsabkommen mit dem Mutterland Niederlande, was interessante steuerliche Konstruktionen zwischen dem Niedrigsteuerland NLA und dem Hochsteuerland Niederlande ermöglicht.

Steuerliche Besonderheiten:

- Der progressive Einkommensteuertarif beträgt 10–45 %.
- Für Personen- und Kapitalgesellschaften beträgt die Gewinnsteuer incl. lokaler Zuschläge zwischen 36,8 und 44,85 %.
- Für Holdinggesellschaften liegt die Steuerbelastung zwischen 2,4 und 3 %, Veräußerungsgewinne bleiben steuerfrei.
- Falls eine NL-Gesellschaft auf den NLA Gewinne ausschüttet, beträgt die holländische Quellensteuer bei einer Beteiligung unter 25 % nur 15 %, Dividenden werden auf den NLA mit 2,4 bis 3 % besteuert.
- Bei den Einkünften einer NLA-Holding darf ein fiktiver Betriebsausgabenabzug von 2/3 der Erträge vorgenommen werden, was den effektiven Steuersatz auf 0,8 bis 1 % reduziert.
- Bei einer Schachtelbeteiligung reduziert sich die holländische Quellensteuer auf 5 %, wobei auf den Antillen eine Quellensteuer von 5,5% dazukommt.
- Der Steuersatz kann durch besondere steuerliche Verträge (Rulings) sogar noch weiter bis auf effektiv 1,1 % gesenkt werden.
- Dividenden nicht ansässiger Kapitalanleger sind steuerfrei, es wird bei Zinsen, Dividenden, Lizenzgebühren auf die Erhebung einer Quellensteuer verzichtet.

Sportler und Fernsehstars aus Deutschland haben die steuerlichen Effekte durch Vorschaltung einer Gesellschaft auf den NLA in der Vergangenheit gern genutzt. Durch das Doppelbesteuerungsabkommen zwischen Deutschland und den Niederlanden und der damit verbundenen Quellensteuerbefreiung sowie äußerst günstige betriebliche Steuern erscheinen

die NLA als Steueroase äußerst attraktiv. Allerdings sollten Sie dann bessere Berater haben als z. B. eine wegen dieses steuerlichen Engagements ins Gerede gekommene Showmasterin, deren vorgeschaltete Firma auf den NLA von der Finanzverwaltung als Briefkastengesellschaft eingestuft wurde. Wenn dies der Fall ist, verärgern Sie den deutschen Fiskus, der die Steuerkonstruktion dann als Gestaltungsmißbrauch (nach § 42 AO) bewertet und eine Schätzung der Besteuerungsgrundlagen für Deutschland vornimmt.
Für eine Wohnsitznahme sind die Antillen ungeeignet, da für ansässige natürliche Personen hohe Steuersätze gelten. Falls Sie ein wohlhabender Pensionär sind, lohnt sich die Wohnsitzverlegung, wenn Sie auf den Antillen nicht arbeiten, ohne Unterbrechung fünf Jahre in einem dort erworbenen Haus wohnen und eine Arbeitskraft beschäftigen. Dann können Sie zwischen einem progressiven Einkommensteuersatz und einem 5prozentigen Steuersatz wählen.

☺ Währungspolitisch sind die NLA stabil, wegen Fiskaldelikten erfolgen keine Auslieferungen, und deutschen Finanzbehörden werden keine Auskünfte erteilt.

Gibraltar

Wohl auch, weil sich dort immer mehr Töchter internationaler Großbanken niederlassen, die als Mindestkapitalanlage Beträge zwischen DM 30 000,– und DM 225 000,– voraussetzen, wird die Südspitze der iberischen Halbinsel als Steuerparadies zunehmend bekannter. Eine komplette Vermögensverwaltung bei den dortigen Instituten wird ab einer Anlage von DM 450 000,– ermöglicht.
Nur bei einer Wohnsitznahme zahlen Steuerinländer maximal DM 44 000,– Einkommensteuer, die Schenkung- und Erbschaftsteuer beträgt maximal 25 %.
Bei Kontoeröffnung müssen Sie sich als Ausländer legitimie-

ren und die Herkunft des Geldes offenlegen. Dabei empfiehlt sich die Vorlage geeigneter Belege, um dem Verdacht eines Geldwäschegeschäftes (Drogen-, Mafiagelder) zu entgehen.

☺ Es existiert kein Doppelbesteuerungsabkommen mit anderen Staaten, dafür jedoch ein hervorragendes Bankgeheimnis. Auskünfte an ausländische Behörden werden nur auf Anordnung eines einheimischen Gerichtes erteilt – was aber höchst selten geschieht.

Isle of Man und andere Kanalinseln

Zwischen Englands Südküste und Frankreichs Nordküste liegen die englischen Kanalinseln Jersey, Guernsey, Alderney, Sark und Herm. Sie profitieren zwar von der militärischen und außenpolitischen Schirmherrschaft Englands, sind jedoch politisch unabhängig. Natürliche Personen und auf den Inseln geschäftlich aktive oder von dort verwaltete Gesellschaften unterliegen einer 20prozentigen Ertragsteuer (Einkommen- bzw. Körperschaftsteuer).
Dort registrierte Gesellschaften, die von außerhalb der Inseln verwaltet werden und dort auch nicht geschäftlich aktiv sind, werden mit einer Pauschalsteuer von jährlich 500 Pfund belastet. Nichtansässige zahlen für ihre Dividenden der Local Companies 20 % Quellensteuer, die jedoch mit der von der Gesellschaft zu zahlenden Steuer verrechnet werden kann. Es existieren keine Kapitalertrag-, Erbschaft- und Schenkungsteuern.
Die Wohnsitznahme ist – abgesehen von der Insel Jersey – relativ leicht, diese ist jedoch aufgrund der 20prozentigen Einkommensteuer und der hohen Wohnkosten kaum empfehlenswert. Es existiert kein gesetzlich geschütztes Bankgeheimnis, die Schweigepflicht der Banken kann jedoch nur aufgrund richterlicher Anordnung und auch nur begrenzt

durchbrochen werden. Wegen Fiskaldelikten wird nicht ausgeliefert. Es besteht kein DBA mit Deutschland.
Die Kanalinseln eignen sich hervorragend zur Gründung von Vermögenstrusts, mit denen sich Steuerspareffekte erzielen lassen, wenn die Trustgründer gleichzeitig auch die Begünstigten sind. Diese Möglichkeit wird von international tätigen Banken bevorzugt. Die Trustgründungen kosten ca. DM 10 500,– und die Trustverwaltung nochmals jährlich ca. DM 3300,–.
Ausländische Vermögenstrusts bzw. steuerpauschalierte Oasenfirmen sind deutschen Finanzbeamten immer ein Dorn im Auge, deshalb pochen Sie genauestens auf die Auskunfts- und Mitwirkungspflichten der betroffenen Steuerpflichtigen, die dann die jeweilige Firmenkonstruktion transparent machen müssen.

> ☺ Da die Kanalinseln von Deutschland aus schnell erreichbar sind, ist dieses Steuerparadies empfehlenswert.

Kanarische Inseln

Diese den meisten nur als Pauschalurlaubs-Ziel bekannte Inselgruppe vor der afrikanischen Westküste, politisch zu Spanien gehörend, ist seit Sommer 1994 auch für Steuersparer interessant. Denn seitdem gibt es auf den Kanarischen Inseln ein neues Steuergesetz, mit dem u. a. eine steuerfreie Zone (Zona Especial Canarias Z.E.C.) ins Leben gerufen wurde.
Eines der interessantesten Merkmale ist, daß Gesellschaften ohne Geschäftstätigkeit auf spanischem Staatsgebiet völlige Steuerfreiheit genießen. Die Z.E.C.-Gesellschaften unterliegen lediglich einem Körperschaftsteuersatz von 1 %. Weitere Gesetzesänderungen zugunsten der Gesellschaften sind geplant.
Bei der Gründung einer Z.E.C.-Gesellschaft fallen keine Gründungssteuern an, die Gesellschafter dürfen nur mit

Nichtresidenten ohne Betriebsstätte in Spanien geschäftliche Beziehungen unterhalten. Allerdings muß die tatsächliche Geschäftsführung auf den Kanarischen Inseln stattfinden.
Zu beachten ist, daß weder Niederlassungen, Zweigstellen oder Repräsentanzen auf dem spanischem Festland vorhanden sein dürfen, Geschäftsinhaber bzw. Anteilseigner der Z.E.C.-Gesellschaft muß eine natürliche oder juristische Person sein, die keinen Wohnsitz in Spanien (Nichtresidente) hat.
Gegründet werden kann auch eine Einmann-Gesellschaft, mindestens einer der gesetzlichen Vertreter muß jedoch seinen Wohnsitz auf den Kanarischen Inseln haben. Das Gründungskapital beträgt mindestens eine Million Spanische Pesetas und ist sofort in voller Höhe einzuzahlen. Vor Gründung der Gesellschaft muß aber eine Genehmigung durch das Konsortium erfolgen.

☺ Die Z.E.C.-Gesellschaften tragen außer der 1prozentigen Körperschaftsteuer z.Z. keine zusätzlichen indirekten Steuern. Es existiert lediglich eine Quellenbesteuerung bzw. Lohnsteuer für die Angestellten der Gesellschaften. Rein steuerlich ist die Gründung einer solchen Gesellschaft sicherlich sehr attraktiv.

Tückisch sind die vielen formalen und materiellen Voraussetzungen. Wenn nur eine nicht erfüllt werden kann, kippt das Steuermodell. Da noch günstigere Gesetzesänderungen im Gespräch sind, bleibt abzuwarten, ob das Modell Änderungen bezüglich der vielfältigen Voraussetzungen erhält.

Karibik-Inseln

Vergessen Sie sofort alle Tips, die Ihnen für die Inseln Anguilla, Antigua, Barbuda, Barbados, Redonda, Jamaica, Montserrat, St. Kitts-Nevis, St. Lucia, St. Vincent, Trinidad und Tobago gegeben werden. Denn weil die wirtschaftlichen und politischen Verhältnisse äußerst instabil sind und Korruption an der Tagesordnung ist, kann aus Sicherheitsgründen für diese Inseln keine Empfehlung als Steueroasenland ausgesprochen werden, obwohl die Steuerbelastung für natürliche und juristische Personen sehr niedrig liegt. Hier können Sie zwar schnell und problemlos Firmengründungen vornehmen. Straftaten, allen voran Wirtschaftsdelikte mit Geldwäschegeschäften und Fiskaldelikte können unkontrolliert begangen werden, wodurch lichtscheues Gesindel angelockt wird wie die Motten vom Licht.

Wer Ihnen erzählen will, Sie sollten Ihr Geld auf einer dieser Karibik-Inseln in Sicherheit bringen, könnte selbst zu den kriminellen Gestalten gehören, die dort ihr Unwesen treiben. Folgen Sie den Ratschlägen solcher Leute besser nicht!

Liechtenstein

Das Fürstentum Liechtenstein liegt zwischen Österreich und der Schweiz, mit der Schweiz ist es durch eine Zoll- und Währungsunion verbunden. Als Steueroase ist es vor allem beliebt, weil das Bankgeheimnis sogar dann noch gilt, wenn der Kunde das Institut von der Schweigepflicht entbindet. Nur bei einem Strafprozeß wegen des Verdachts der Steuerhinterziehung ist die Bank gegenüber den Finanzbehörden auskunftspflichtig. Es wird jedoch keine Rechtshilfe für ausländische Behörden geleistet, insofern werden auch Anfragen von Finanzbeamten, Steuerfahndern oder Staatsanwälten ignoriert. Wegen Fiskaldelikten wird nicht ausgeliefert. Es gibt kein DBA mit Deutschland, nur mit Österreich. Das Abkommen findet aber auf eine reine Oasengesellschaft keine Anwendung. Deshalb bietet Liechtenstein den idealen Nährboden für Oasenfirmen, wovon es mehr hat als Einwohner. Was aber auch nicht verwunderlich ist, denn die Wohn-

sitznahme in Liechtenstein ist fast unmöglich, ebenso ist kaum ein Daueraufenthaltsrecht zu bekommen.
Falls Sie dort jedoch nur ein Bankkonto eröffnen wollen, müssen Sie sich per Personalausweis legitimieren und die legale Herkunft des Geldes nachweisen können. Sämtliche Unterlagen können dort im Schließfach aufbewahrt werden, hiervon sollten Sie jedoch Ihre späteren Erben informieren, damit der Inhalt nicht irgendwann mal herrenlos wird. Sie können das Konto auch von einem Treuhänder eröffnen lassen, der dann die legale Geldherkunft garantieren muß. Bargeldgeschäfte über 100 000 Schweizer Franken sind legitimationspflichtig.
Die zahlreichen Oasenfirmen existieren in folgenden Formen:

- als Anstalt,
- als Treuunternehmen (Trust),
- als Aktiengesellschaft,
- als Stiftung.

Für Geschäfte mit dem Ausland ist die Aktiengesellschaft die günstigste Unternehmensform, während für reine Vermögens- und Depotverwaltungen Trusts oder Stiftungen vorzuziehen sind.
Die Firmen sind schnell gegründet. Sie können auch über einen zwischengeschalteten Treuhänder mit Liechtensteiner Staatsangehörigkeit abgewickelt werden. Der Treuhänder übernimmt zwar Aufsichtsratsfunktion, die eigentliche Geschäftspolitik bestimmt jedoch der wirtschaftliche Eigentümer. Die Anonymität wird in jedem Fall gewahrt, insbesondere auch, weil im Falle einer Stiftungsgründung die Stiftungseigner für die Depotbank nicht transparent werden.
Natürliche Personen zahlen ca. 18 % Einkommensteuer und ca. 0,9 % Vermögensteuer. Nicht in Liechtenstein beschäftigte, jedoch dort wohnende Ausländer zahlen eine pauschale Einkommensteuer von 12 % auf ein fiktives Einkommen, das mit dem fünffachen Mietwert eines Wohnhauses angesetzt wird.
Stiftungen, Anstalten und Trusts, die als Sitzunternehmen de-

finiert werden können (Sitz in Liechtenstein ohne weitere wirtschaftliche Aktivität), zahlen weder Erwerb-, Ertrag- noch Vermögensteuern. Sie müssen nur auf das eingezahlte Kapital und das in der Gesellschaft befindliche Vermögen eine Steuer von 1 ‰ zahlen.

> ☺ Aufgrund der geographischen Nähe zu Deutschland und des sehr dichten Bankgeheimnisses (sicherer als in der Schweiz!) ist das kleine Fürstentum eine ideale Oase, insbesondere für Bankdepots. Sie sollten jedoch in keinem Falle Querverbindungen zu deutschen Konten herstellen oder dem Betriebsprüfer Anhaltspunkte für Reisen nach Liechtenstein geben, denn dann wird dieser ›hellwach‹!

Luxemburg

Durch zahlreiche Bankenprüfungen und wegen der Vielzahl der Kontrollmitteilungen, durch die Bankdepots bei den Tochterfirmen deutscher Geldinstitute transparent geworden sind, hat das kleine Großherzogtum zwischen Deutschland, Frankreich und Belgien stark an Attraktivität für deutsche Anleger verloren. Hinzu kommen die zahlreichen Kontrollen vor den Banken bzw. an der Grenze. Dennoch aber verfügt Luxemburg über ein hervorragendes Bankgeheimnis, dessen Verletzung (z. B. durch Bankangestellte) sogar strafrechtlich verfolgt wird. Handelt es sich jedoch um große Einlagen und Kreditengagements bei Luxemburger Banken, so sind Luxemburger Bankenprüfer befugt, dies auch ausländischen Ämtern mitzuteilen. Insofern ist die Auskunftspflicht für die Bankangestellten nicht eindeutig geregelt, was für den Anleger äußerst nachteilig werden könnte.
In simplen Steuerhinterziehungsdelikten wird zwar den ausländischen Finanzbeamten die Auskunft verweigert, bei Einleitung eines Steuerstrafverfahrens kann jedoch Auskunft an deutsche Finanzbehörden erteilt werden.

Nach einem neuen Gesetz wird nur Rechtshilfe bei Auskunftsersuchen deutscher Finanzbehörden für Steuerstraftaten erteilt, die in Luxemburg ebenfalls Straftaten darstellen. Es muß sich zudem um gravierende Hinterziehungsfälle handeln, bei denen systematisch bestimmte Straftaten begangen wurden, z. B. Unterschriftsfälschungen, Unterschlagungen etc. Meistens werden erst Straftaten ab DM 500 000,– verfolgt, auf dieses Limit ist jedoch kein Verlaß.
Es gibt ein Doppelbesteuerungsabkommen zwischen Deutschland und Luxemburg, das die Luxemburger Finanzbehörden aber nicht verpflichtet, deutschen Steuerfahndern Rechtshilfe zu leisten. Alle von Ausländern in Luxemburg erwirtschafteten Erträge sind steuerfrei, wenn der Wohnsitz außerhalb Luxemburgs liegt. Anonyme Bankkonten gibt es nicht mehr, da bei einer Kontoneröffnung immer Legitimationsprüfungen erfolgen. Bei Geldtransfers von über DM 30 000,– wird Ihre Identität überprüft. Außerdem verlangen einige Luxemburger Banken eine Mindesteinlage von DM 10 000,–.
Es ist jedoch möglich, per Post ein Konto in Luxemburg zu eröffnen. Dazu müssen Sie Ihren Personalausweis in Kopie beifügen. Die Einzahlung auf das ausländische Konto könnte von einer deutschen Bank erfolgen. Das aber macht die ausländische Bankverbindung völlig transparent. Weil Luxemburg – wie Deutschland – ein Hochsteuerland ist, lohnt sich eine Wohnsitznahme nur unter steuerlichen Gesichtspunkten nicht. Für Holdinggesellschaften jedoch ist Luxemburg eine Steueroase, da diese nur eine Abonnementgebühr von 0,2 % zahlen, jedoch keine Körperschaftsteuer und Quellensteuer.

☺ Für nicht in Luxemburg Ansässige sind die dort unterhaltenen Kapitalkonten interessant, weil keine Quellensteuer auf Zinsen einbehalten wird. Allerdings müssen die Konten, was wegen der Nähe zu Deutschland leicht möglich ist, persönlich betreut werden – Querverbindungen zu deutschen Konten fliegen unserer Erfahrung nach früher oder später auf.

Monaco

Von der völligen Steuerbefreiung im Fürstentum am Mittelmeer profitiert nur derjenige, der eine Mindestaufenthaltsdauer von 180 Tagen im Jahr nachweisen kann. Das wurde schon für einige Steuerflüchtlinge zum Problem. Denn der geforderte Mindestaufenthalt wird von den monegassischen Behörden streng überprüft. Der Staat will verhindern, daß eine bloße Wohnsitznahme erfolgt, das Geld jedoch im Ausland verlebt wird und nicht in Monaco bleibt. Grund: Dies würde zu erheblichen Einbußen bei den Mehrwertsteuereinnahmen (20 %) führen, aus denen der Zwergstaat seinen Haushalt überwiegend finanziert. Als weitere Einnahmen fließen noch

- Spielbank-Abgaben,
- Stempelgebühren,
- Edelmetallverkaufssteuer (von 6 %) und
- Körperschaftsteuern zwischen 35 und 40 %.

Es gibt keine direkten Ertragsteuern wie Einkommensteuer, Vermögen- oder Erbschaftsteuern, es werden lediglich kommunale Abgaben erhoben (Grundsteuer etc.).
Das Bankgeheimnis ist strafrechtlich geschützt, bei Verletzung kann eine Freiheitsstrafe bis zu sechs Monaten verhängt werden. Ein Doppelbesteuerungsabkommen besteht nur mit Frankreich, es erfolgen keine Auslieferungen bei Fiskaldelikten. Bei Kontoeröffnungen muß sich der Anleger legitimieren und die saubere Geldherkunft nachweisen können. Überweisungen aus der Schweiz oder Luxemburg werden akzeptiert, so können z. B. leicht Liechtensteiner Stiftungen ihre Konten in Monaco führen, diese Umwege sind auch für Steuerfahnder schwer zu erkennen.

> ☺ Monaco ist eine insgesamt wasserdichte Steueroase, jedoch ist die Wohnsitznahme für Normalverbraucher völlig unmöglich. Sie kann nur nach Rücksprache mit dem monegassischen Fürstenhaus erfolgen. Nutzen kann man die Steuervorteile in erster Linie auf Umwegen über Liechtenstein.

Panama

Der mittelamerikanische Staat besitzt ein strenges Bankgeheimnis. Es bestehen keine Doppelbesteuerungsabkommen, wegen Fiskaldelikten wird nicht ausgeliefert.
Einkommen- und Körperschaftsteuern werden in Panama nur für natürliche und juristische Personen erhoben, die Einkommen aus Panama beziehen. Ansässige Personen und Firmen zahlen keine Steuern für ausländische Einkünfte.
Für Einkommen aus Panama werden progressive Gewinnsteuern von $ 130,–, für persönliches Einkommen bis $ 3250,– gezahlt. Ab einem Einkommen aus Panama über $ 200 000,– beträgt der Steuersatz 30 %. Für Unternehmen liegt der Körperschaftsteuersatz zwischen 30 und 34 %. Firmengründungen erfolgen schnell und anonym und in Form einer mit der deutschen Aktiengesellschaft vergleichbaren S.A.

> Für Unternehmen ist Panama zwar ein steuerliches Paradies. Wegen der politischen und wirtschaftlichen Schwankungen sowie der hohen Wirtschaftskriminalität ist der Staat jedoch nicht als Investitionsland (Kapitalvermögen und Immobilien) für Steuersparer empfehlenswert.

Österreich

Anfragen deutscher Finanzbehörden werden aus Österreich nicht beantwortet, denn die Alpenrepublik verfügt über ein strenges Bankgeheimnis, dessen Verletzung strafrechtliche Konsequenzen hat. Allerdings werden bei einem in Deutschland anhängigen Strafverfahren wegen Steuerhinterziehung Bankendurchsuchungen in Österreich möglich, sobald es in dem Verfahren um einen Betrag von DM 140 000,– und mehr geht.
Es besteht ein DBA mit Deutschland und ein Rechtshilfeabkommen, hier ist sogar direkte Kommunikation zwischen den

Finanzämtern möglich, wobei Auskünfte nur nach richterlichen Beschlüssen erteilt werden.
Für deutsche Kapitalanleger gibt es jedoch seit Sommer 1996 das anonyme Sparbuch nicht mehr. Bei Depotanlagen von Nicht-Österreichern besteht seitdem eine Ausweispflicht. Anders sieht es aus, wenn Sie Ihren Wohnsitz nach Österreich verlegen. Dann können sogar anonyme Wertpapierdepots geführt werden. Interessant ist in diesem Zusammenhang: Wer mehr als drei Monate in Österreich lebt, gilt bereits als Ansässiger bzw. als Deviseninländer. Bei Ein- und Auszahlungen müssen Sie sich nur mit dem Sparbuch ausweisen und das Codewort kennen. Derjenige, der das Sparbuch bzw. die Depotunterlagen besitzt, kann auch über das Depot verfügen, es wird in Todesfällen kein Erbschein verlangt, die Erben können über das Depot verfügen, wenn sie die Unterlagen im Besitz haben.
Für Steuerinländer gibt es eine Kapitalertragsteuer auf Zinsen von 22 %. Wenn Sie eine Nichtwohnsitzerklärung abgeben, entfällt die Steuer für Sie.
Kapitalerträge werden ansonsten nicht weiter mit Einkommensteuer belastet, auf die Erhebung von Vermögensteuer und Erbschaftsteuer in Zusammenhang mit Kapitalerträgen wird ebenfalls verzichtet.

☺ Wegen der leichten Erreichbarkeit und der Möglichkeit, sich als Ansässiger einstufen zu lassen, ist Österreich für Steuersparer interessant.

Schweiz

Das Bankgeheimnis in der Schweiz ist zwar gesetzlich geschützt, jedoch nicht mehr zuverlässig. Deutsche Steuerfahnder erhalten schon dann Auskünfte von Schweizer Banken oder Behörden, wenn der begründete Verdacht vorliegt, daß ein Deutscher dem Finanzamt Steuern vorenthalten hat. Dabei ist es egal, ob es sich um leichtfertige Steuerverkürzung

oder um Steuerhinterziehung handelt. Hier genügt als schriftlicher Nachweis für den Verdacht jedes Schriftstück, das falsche steuerliche Angaben des Steuerpflichtigen ausweist.
Im Falle eines Steuerstrafverfahrens erfolgen also Auskünfte durch Banken an deutsche Steuerbehörden. Kleinere, für Schweizer normale Abgabebetrügereien werden jedoch nicht bestraft und in solchen ›Bagatellfällen‹ werden auch deutschen Steuerbehörden Auskünfte verweigert. Für Anleger ist jedoch nicht erkennbar, wo hier die Grenze liegt.
Auch Nummernkonten in der Schweiz sind nicht mehr uneingeschränkt sicher, da den Bankangestellten die Identität der Kontoinhaber bekannt ist. Denn bei Nummernkonten erfolgen mittlerweile Identitätsprüfungen, um Geldwäschegeschäfte zu verhindern.
Zwischen der Schweiz und Deutschland gibt es ein Doppelbesteuerungsabkommen, wodurch eine Herabsetzung der Schweizer Quellensteuer auf 5 % für Nichtansässige möglich ist (durch Antrag beim Bundesamt für Finanzen in Bonn auf Erstattung in der Schweiz gezahlter Quellensteuer). Falls Sie Ihren Wohnsitz in die Schweiz verlegen, so können Sie aber erst nach fünf Jahren die Steuervorteile aus dem Doppelbesteuerungsabkommen in Anspruch nehmen. Außerdem ist eine Wohnsitznahme fast unmöglich, wenn Sie nicht über 55 Jahre alt sind und in der Schweiz künftig Steuern zahlen werden. Möglich ist aber ein Aufenthaltsrecht von drei Monaten bis zu sechs Monaten (mit Familie), ohne daß eine Steuerpflicht entsteht. Ausländer, die es schaffen, ihren Wohnsitz in die Schweiz zu verlegen und dort nicht erwerbstätig werden, haben Anspruch auf die günstige Pauschalversteuerung, die jedoch erst sechs Jahre nach der Wohnsitznahme greift.
Die Gründung einer Schweizer Gesellschaft kann nur eingeschränkt empfohlen werden, da sowohl die Gründung als auch der Jahresunterhalt teuer sind. Es gibt zwischen den einzelnen Kantonen auch erhebliche Steuerunterschiede, wobei Firmen mit den Finanzbehörden Sonderkonditionen vereinbaren können.

💣 Wegen der unsicheren Handhabe des Bankgeheimnisses und dem Wegfall der Nummernkonto-Regelungen mit völliger Anonymität ist die Schweiz nicht empfehlenswert für Steuersparer. Hinzu kommt, daß Geldanlagen dort wegen wirtschaftlicher Probleme und unabsehbarer Einflüsse durch die Europäische Währungsgemeinschaft auf die Schweizer Geldwertstabilität unkalkulierbaren Veränderungen ausgesetzt sein können.

Das Geld ist im Ausland – wie kann der Fiskus dann noch Wind davon bekommen?

Die Vorteile der zwischenstaatlichen Doppelbesteuerungsabkommen darf natürlich jeder nutzen – saubere Firmenkonstruktionen können deshalb auch von der Finanzverwaltung nicht beanstandet werden.
Hier handelt es sich nur um clevere Steuergestaltung im Rahmen der gesetzlichen Möglichkeiten.
Wenn in der Vergangenheit Sportler oder Showstars deshalb Ärger mit dem Finanzamt bekamen, hatte das oft sehr einfache Gründe: Weil Raffgier gelegentlich über Vernunft siegt, wurde der Bogen überspannt. Normalerweise mögliche und legale Konstruktionen mit Auslandsfirmen flogen auf, weil die Unternehmen von den deutschen Behörden als Briefkasten- oder Scheinfirmen eingestuft oder enttarnt wurden.
Ganz anders bewerten Betriebsprüfer und Steuerfahnder die wirtschaftlichen Transaktionen zwischen Deutschland und einem der zahlreichen Steuerparadiese mit dem Ziel der Steuerverkürzung oder Steuervermeidung. Die Vorteile einer niedrig besteuerten oder steuerfreien Oase können dann schlagartig zum Bumerang werden, wenn die gewählte Konstruktion nicht wasserdicht ist.
Dies gilt für Privatleute ebenso wie für Firmeninhaber. Ohne fachkundigen Rat gehen solche Konstruktionen meistens schief.

Typische Fehler, durch die Auslandsanlagen auffliegen

Sie unterhalten noch einen Wohnsitz im Inland

Solange Sie in Deutschland noch gemeldet sind (egal ob als Eigentümer oder Mieter), sind Sie hier auch unbeschränkt steuerpflichtig. Trotz womöglich dicken Bankkontos auf den Bermudas müssen Sie die Erträge hier versteuern. Existiert zwischen den Staaten ein Doppelbesteuerungsabkommen, so sind die Einkünfte in Deutschland zwar womöglich steuerfrei, wobei im letzteren Fall dann aber die ausländischen Einkünfte die Höhe des inländischen Steuersatzes beeinflussen (Progressionsvorbehalt).
Besteht kein Doppelbesteuerungsabkommen, so unterliegen die ausländischen Erträge der deutschen Einkommensteuer, wobei die ausländischen Steuern entweder vom Gesamtbetrag der Einkünfte abgezogen oder bei der Berechnung der inländischen Steuerlast angerechnet werden.

> 💣 Falls Sie wirklich von den Niedrigsteuersätzen einer Steueroase profitieren wollen, so dürfen Sie im Inland keine private oder berufliche Postadresse behalten!

Sie halten sich zu lange im Inland auf

Auch wenn Sie sich zwar im Inland abgemeldet haben und einen Wohnsitz im Ausland unterhalten, kann der deutsche Fiskus Sie als Steuerinländer einstufen – und zur Kasse bitten. Dies droht, wenn Sie nicht nachweisen können, daß Ihre Aufenthaltsdauer in Deutschland unter 183 Tage im Jahr beträgt.

Sie sind nur scheinbar ausgewandert

Es ist keine Lösung, sich abzumelden und angeblich auszuwandern, tatsächlich aber Haus oder Wohnung in Deutschland leerstehen zu lassen. Wenn Sie sich nur zweimal jährlich für jeweils vier bis sechs Wochen dort aufhalten, bleiben Sie hier unbeschränkt steuerpflichtig. Bei Ihrem nächsten Besuch könnten Sie schon von der Steuerfahndung erwartet werden.

Sie veranlassen bargeldlose Zahlungen

Immer dann, wenn Überweisungen von weißen Inlands- auf schwarze Auslandskonten und umgekehrt fließen, entstehen Querverbindungen, die den geheimen Schatz transparent machen. Dies fällt bei Selbständigen meist durch eine Betriebsprüfung auf, bei Arbeitnehmern, wenn diese irrtümlicherweise dem Finanzamt bei Einreichung der Steuererklärungen ›zu viele‹ Belege mitschicken.

Sie veranlassen Kontoübertragungen auf andere

Werden ausländische Schwarzgeldkonten auf Kinder umgeschrieben, droht durch deren Unvorsicht und das verständliche Bestreben, an das Geld heranzukommen, große Entdeckungsgefahr. Eventuell kann da auf die frühere (bis 1996) bestehende Vermögensteuerpflicht zurückgegriffen werden. Falls Sie vermögensteuerpflichtig waren oder evtl. auch rückwirkend werden, erfolgt eine Zusammenveranlagung mit Ihren Kindern und auch anderen Haushaltszugehörigen.

Sie veranlassen hohe Überweisungen ins Ausland

Selbst wenn tatsächlich Geschäftspartner im Ausland Geld von Ihnen zu bekommen haben, werden solche Zahlungen immer besonders kritisch geprüft. Bei schwer nachvollziehbaren Leistungen wie Beratungsdiensten, Marktstudien, Gutachten, Patentüberlassungen etc. klingelt die Warnglocke der Prüfer sofort. Der Finanzbeamte (auch von der Veranlagung) vermutet hier sofort Geldverschiebungen durch Scheingeschäfte. Handelt es sich um eine Steueroase, sind die Einkünfte in der Oase niedrig besteuert oder steuerfrei. Das inländische Finanzamt wäre über die Existenz der Firma in der Steueroase jedoch umgehend zu informieren, wobei aufgrund der Hinzurechnungsbesteuerung die Gewinnanteile in Deutschland genauso steuerpflichtig sind wie die übrigen Einkünfte, egal, ob die Gewinne ausgeschüttet werden oder nicht.

Sie verschieben Rechte ins Ausland

Angenommen, Sie melden zwar hier ein Patent an, transferieren dieses aber ins Ausland, sobald Sie dessen Wert erkennen, den Sie im Hochsteuerland nicht mit dem Fiskus teilen mögen. Da durch die Patentübertragung jedoch stille Reserven aufgedeckt werden, wären diese hier voll zu versteuern.

Sie führen eine Auslandsfirma aus dem Inland

Es genügt schon, wenn Sie in Deutschland Geschäftsführersitzungen und/oder Gesellschafterversammlungen Ihrer Auslands-Holding abhalten. Findet der Betriebsprüfer in der Stammfirma Protokolle der Holding, bleiben Ihnen die Steuervorteile der Auslandsfirma versagt. Die Geschäftsleitung muß nachweislich im Ausland aktiv sein.

Sie unterhalten gar keine echten Firmen im Ausland

Unternehmen im Ausland müssen eine eigene Geschäftstätigkeit entwickeln. Die reine Postanschrift einer Firma reicht nicht aus, es müssen zwingend auch geschäftliche Aktivitäten erkennbar sein mit im Ausland ansässigen und tätigen Geschäftsführern, Angestellten etc. Die Geschäftsführer-Sitzung muß ebenfalls im jeweiligen Steuerparadies stattfinden. Sind diese Voraussetzungen nicht erfüllt, können die Vorteile aus dem eventuell vorhandenen Doppelbesteuerungsabkommen nicht beansprucht werden. Falls nur Gewinnsegmente durch vorgeschaltete Basisgesellschaften ins Ausland verlagert werden und die Gesellschaft keinen eigenen wirtschaftlichen Zweck hat, so wird Ihnen mißbräuchliche Gestaltung (i.S. § 42 AO) unterstellt.

Sie wählen im Ausland die falsche Rechtsform.

Gründen Sie im Ausland eine Personengesellschaft, so bleibt dieser das sogenannte Schachtelprivileg versagt. Es gilt jedoch die Steuerbefreiung für Erträge aus einer Beteiligung von mindestens 10 % an einer ausländischen Kapitalgesellschaft.

Sie lassen die Tochterfirma mit der Stammfirma Geschäfte machen

Werden dann fleißig Beträge hin- und hergeschoben und existieren über diese Leistungen keine schriftlichen Verträge und Vereinbarungen, wie sie unter fremden Firmen üblich wären (Fremdvergleich), sind die Steuervorteile verloren. In diesen Fällen wird der Betriebsprüfer Scheingeschäfte annehmen.

Sie bewahren Belege über Ihre Auslandskonten zu Hause auf

Sollten Sie unerwartet Besuch vom Steuerfahnder bekommen, liefern Sie diesem damit Beweismaterial, das sofort beschlagnahmt wird. Oft werden deshalb sämtliche Auslandsakten, insbesondere Kontoauszüge, in einem Schließfach gelagert.

Sie machen Umweggeschäfte mit dem Ausland

Nehmen wir mal an, Ihre Tochterfirma sitzt in einer Steueroase. Damit dies für den Betriebsprüfer unsichtbar bleibt, schalten Sie eine ausländische Firma davor und überweisen Geld nur auf Umwegen. Falls hier aufgrund eines Formfehlers dennoch Querverbindungen zur Steueroase transparent werden, sind die Steuervorteile futsch. Findet der Prüfer dann noch Belege für regelmäßige Reisen in eine Steueroase, wird er hellwach!

Sie beachten nicht die Zugriffsbesteuerung (§ 7 Außensteuergesetz)

Diese Vorschrift greift immer dann, wenn die ausländische Gesellschaft

- einer niedrigeren Steuerbelastung als 30 % unterliegt,
- überwiegend deutsche Anteile und Stimmrechte vorliegen (mehr als 50 %),
- sogenannte passive Einkünfte erzielt werden ohne wirtschaftliche Aktivität, z. B. Einkünfte aus Patentverwertung, Lizenzen, Vermietung und Verpachtung.

In diesen Fällen müssen Sie Ihre Dividende ganz normal versteuern, egal ob die von der ausländischen Firma erwirtschafteten Gewinne ausgeschüttet werden oder in der Firma verbleiben (Thesaurierung).

Sie bekommen ungeklärte Bargeldeinzahlungen auf eigene Konten

Selbst wenn keine bargeldlosen Überweisungen erfolgen, können die aus dem Ausland herbeigeschafften Barbeträge bei Einzahlung auf deutsche Konten auffallen. Dies geschieht garantiert, wenn der Prüfer die Eingänge bemerkt und Sie deren Herkunft nicht unproblematisch erklären können.

Sie zahlen immer fleißig mit Kreditkarte

Der Betriebsprüfer schaut sich besonders gern Kreditkartenabrechnungen an. Tauchen da Hinweise auf regelmäßige kurze Besuche in einem Steuerparadies auf, wird er weiter bohren.

Sie werden beobachtet

Wählen Sie beim Besuch Ihrer ausländischen Bank den üblichen Straßenweg, tappen in eine Radarfalle oder werden von Fahndern gefilmt, können die Fotos in die Fahndungskartei gelangen. Besonders gefährlich ist der Weg von Österreich nach Liechtenstein. Die gleiche Gefahr besteht aber auch vor ausländischen Tochterfirmen deutscher Großbanken.

Sie erzählen anderen zuviel

Ihr Lebenspartner wird erst im Fall einer Trennung zeigen, wie zuverlässig er wirklich ist. Bedenken Sie, daß die größten Erfolge deutscher Steuerfahnder auf der Niedertracht und der Rache ehemaliger Liebespartner basieren! Falls der andere dann noch exakt das Schweizer Depot benennen kann oder die Luxemburger Schwarzgeldkontonummern, ist nichts mehr zu retten.

Briefkastenfirmen hat auch die Finanzverwaltung im Kasten

Kaum bekannt ist, daß beim Bundesamt für Finanzen in Bonn alle Daten über schon registrierte Briefkastengesellschaften gesammelt werden. Oftmals werden Auslandsfirmen zwar über vorgeschaltete Treuhänder gegründet, um die tatsächlichen Firmeninhaber im Hintergrund zu halten. Als Steuerbürger sind Sie jedoch gesetzlich verpflichtet, dem Finanzamt die Firmenstruktur Ihres ausländischen Geschäftspartners offenzulegen, insbesondere bezüglich der ausländischen Zahlungsempfänger. Falls dies unterbleibt, ist der Betriebsausgabenabzug für Ihre deutsche Firma ernsthaft gefährdet.
Nicht unterschätzt werden dürfen auch die zwischenstaatlichen Kontrollmechanismen. Sie funktionieren immer besser, insbesondere zwischen europäischen Staaten. Die Wahrscheinlichkeit, daß Auslandskonten und/oder Auslandsvermögen vom Fiskus entdeckt werden, schwindet erst mit zunehmender Entfernung vom Heimatstaat Deutschland. Die Bahamas sind also sicherer als Luxemburg oder Liechtenstein!

Zwischenstaatliche Amtshilfe ist an der Tagesordnung

Deutsche Finanzbehörden erteilen jährlich insgesamt ca. 150 Auskünfte an andere Staaten. Umgekehrt erhält Deutschland jährlich ca. 100 Auskunftsersuchen anderer Staaten.
Dies reicht dem Bundesrechnungshof keinesfalls. Da jährlich auch nur ca. 200 internationale Kontrollmitteilungen ins Ausland gehen (und umgekehrt), wurden die deutschen Finanzbehörden aufgefordert, ihre zwischenstaatlichen Kontrollmöglichkeiten weitaus stärker zu nutzen!
Die zwischenstaatliche fiskalische Kooperation gestaltet sich jedoch nur zögernd. Eine gut funktionierende Kooperation deutscher Finanzbehörden gibt es mit folgenden Staaten:

- Österreich
- Frankreich
- Skandinavische Länder
- Frankreich
- Niederlande
- USA.

Mit Steueroasen gibt es wenig Kooperation, daher gibt es keine steuerliche Amtshilfe mit

- Monaco
- Schweiz
- Liechtenstein
- Gibraltar
- Kanalinseln
- Andorra.

In diesen Ländern wird das Bankgeheimnis zudem niemals ausgehebelt, ist sogar teilweise gesetzlich geschützt, was eine Kooperation noch schwieriger gestaltet.

Neue Formen der Steuerrechts-Amtshilfe

Spontanauskünfte (internationale Kontrollmitteilungen)

Grundlage für den regen Informationsaustausch sind die Doppelbesteuerungsabkommen, die zweifache Abgabenbelastung bei Auslandseinkommen bzw. Auslandsvermögen vermeiden sollen. Nur wenn in dem jeweiligen Doppelbesteuerungsabkommen nennenswerte Amtshilfeklauseln enthalten sind, ist eine zwischenstaatliche Kooperation überhaupt möglich.
Solche Spontanauskünfte in Form von zwischenstaatlichen Kontrollmitteilungen dürfen jedoch nur dann erfolgen, wenn es reelle Anhaltspunkte dafür gibt, daß Steuerumgehungen bzw. sonstige steuerliche Mißbrauchstatbestände vorliegen. Diese Anhaltspunkte sind aber schon dann gegeben, wenn die Vermutung besteht, daß die Steuern des Empfängerlandes verkürzt werden oder aber indirekte Steuern eines EU-Mitgliedsstaates unzutreffend erhoben wurden oder werden könnten.

Routineauskünfte

Hier erfolgt ein regelmäßiger gegenseitiger Datenaustausch zwischen den Ländern, wobei laut deutschem Außenhandelsgesetz folgende Fälle überprüft werden:

- Überlassung von Arbeitnehmern,
- Vorsteuervergütungsverfahren,
- Lieferung von neuen Fahrzeugen im innergemeinschaftlichen Warenverkehr,
- Steuerentlastungsverfahren von Steuerausländern von inländischen Einkünften.

Sie erfahren, was der Staat ins Ausland meldet

Gott sei Dank sind dem zügellosen Datenaustausch zwischen den Behörden über Grenzen hinweg Riegel vorgeschoben. Bevor Auskünfte über Steuerinländer an das Ausland weitergegeben werden, erhält dieser rechtliches Gehör, damit nichts hinter seinem Rücken passiert, was ihm wirtschaftlich schaden könnte. Auch bei Spontanauskünften (internationale Kontrollmitteilungen) müssen die rechtlichen Interessen des Steuerinländers gewahrt bleiben.

Von diesen Regelungen gibt es aber Ausnahmen:

1. Handelt es sich nicht um spezielle Daten, sondern um allgemein zugängliches Datenmaterial, das an die Auslandsbehörde weitergegeben wird, so wird mit der Weitergabe nicht das Steuergeheimnis verletzt. Deshalb entfällt in diesen Fällen die vorherige Anhörung des betroffenen Steuerinländers.
2. Bei Steuerfahndungsermittlungen entfällt ebenfalls die vorherige Benachrichtigung des Betroffenen, damit die Ermittlungen nicht gefährdet werden.
3. Mit der EU-Amtshilferichtlinie etablierten sich sowohl Auskunftsverbote als auch einige Auskunftsverweigerungsmöglichkeiten.
4. Kein Staat darf einer ausländischen Behörde Auskünfte geben, wenn er diese Auskünfte nicht nach der inländischen Gesetzgebung erlangen kann.

> Hierzu zählt das deutsche Bankgeheimnis nicht, das in Deutschland nicht so geschützt ist wie in Österreich oder Luxemburg. In Deutschland sind die Banken oft zur Auskunft verpflichtet, z. B. in Steuerstrafverfahren oder sonstigen strafrechtlichen Vergehen.

Ein Staat kann der ausländischen Behörde z. B. in folgenden Fällen die Auskunft verweigern

- bei Verletzung des Subsidiaritätsprinzips, d. h., wenn zunächst nicht alle innerstaatlichen Möglichkeiten ausgeschöpft wurden, die Auskünfte zu erlangen,

- bei Fehlen der Gegenseitigkeit, d. h. Routineauskünfte werden nur von einem Staat erteilt, der andere Staat macht ›dicht‹, wie das z. B. bei Deutschland und Österreich der Fall ist,
- es wird eine Streitschlichtung vorbehalten,
- die Geheimhaltungspflicht wird nicht erfüllt,
- es entsteht zu großer Verwaltungsaufwand.

> Nicht immer ist der Finanzbeamte auf die zwischenstaatlichen Amtshilfeabkommen angewiesen. Findet er im Veranlagungsverfahren oder bei einer Außenprüfung Bankbelege, die auf eine ausländische Bankverbindung hinweisen, so muß der Steuerpflichtige den ausländischen Sachverhalt aufklären.

Weigert er sich, erfolgt eine Schätzung der Besteuerungsgrundlagen seitens der Finanzverwaltung, die meist zu einer weitaus höheren Steuerbelastung führt, als die tatsächlichen Verhältnisse es begründen.

Wie werden deutsche Steuerfahnder im Ausland fündig?

1. Steuerfahnder führen zunächst sogenannte Vorfeldermittlungen durch.

Das funktioniert so, daß sich Steuerfahnder (verdeckt) auf Vermietungs- und/oder Verkaufsanzeigen für ausländische Ferienhäuser oder Schiffe melden, bei denen eine deutsche Telefonnummer angegeben ist.
Dabei steht ihren Ermittlungen auch das Chiffregeheimnis nicht entgegen. Für Steuerfahndungsermittlungen gibt es nahezu keinen Datenschutz, wenn es sich um einen konkreten Fall handelt.

Es dürfen jedoch keine allgemeinen Konten überwacht werden, etwa zur Kontrolle der Zinsbesteuerung.

2. Steuerfahnder nehmen Einsicht in ausländische Grundbücher.

Diese Vorgehensweise ist zur Zeit in Spanien sehr beliebt. Dabei wird geprüft, ob deutsche Immobilienbesitzer ihre ausländischen Einnahmen bzw. ihr ausländisches Vermögen versteuert haben.

3. Deutsche Steuerfahnder schreiben sich die deutschen Namen der in ausländischen Häfen liegenden Jachten auf.

Außerdem prüfen sie die Versteuerung des regulär gemeldeten Auslandsvermögens insbesondere unter dem Gesichtspunkt, ob das Vermögen mit Schwarzgeld erworben wurde. Die Fahnder lassen sich auch Namenslisten der Makler zeigen, aus denen Kauf und Verkauf hervorgehen.

Ehe im Ausland ermittelt wird, muß der Steuerzahler Erklärungen abgeben

Bevor jedoch Amtshilfeersuchen an ausländische Staaten erfolgen, trägt zunächst der Steuerpflichtige die volle Beweis- und Aufklärungspflicht. Erst dann kann in dem anderen Staat ermittelt werden, jedoch nicht ohne die ausdrückliche Zustimmung des fremden Hoheitsgebietes.
Als weitere Hilfsinstitution für die Steuerfahndung fungiert die Informationszentrale für den Steuerfahndungsdienst (IZ-Steufa) beim Finanzamt Wiesbaden II. Hier werden Steuerfahndungsfälle mit bedeutender oder überregionaler Bedeutung erfaßt. Dazu gehören alle Daten von sämtlichen steuerstrafrechtlichen Ermittlungsverfahren der Strafsachenstellen, die dann auf Anforderung an die jeweilige Steuerfahndungsstelle weitergegeben werden.

Die Informationszentrale Ausland (IZA) beim Bundesamt für Finanzen in Bonn faßt alle Daten über Auslandssachverhalte zusammen, die die beteiligten Finanzbehörden für eine Zusammenarbeit benötigen. Dabei richtet sich das Hauptaugenmerk darauf, Erkenntnisse über die Verschleierungstaktiken der Oasenländer zu gewinnen (Stiftungen, Trusts, zwischengeschaltete Treuhänder etc.).
Ein Trost für Steuerhinterzieher könnte zwar sein, daß sich die Amtshilfe zwischen den einzelnen Staaten als langwierig, kompliziert und schwerfällig erweist. Formfehler sind daher auch an der Tagesordnung. Und hiergegen kann der Betroffene verschiedene Rechtsmittel einlegen. So können sich z. B. Steuerinländer mit einer Unterlassungsklage vor dem Finanzgericht gegen Auskunftsersuchen an das Ausland wehren, gegebenenfalls auch mit einer einstweiligen Anordnung, z. B. bei Spontanauskünften.
Diese Rechtsmittel müssen jedoch begründet werden, d. h. der Betroffene muß durch die Ermittlungsmaßnahmen Nachteile erleiden (beschwert sein), z. B. bei Verletzung des Datenschutzes oder bei durch Verletzung des Steuergeheimnisses eingetretenen schwerem wirtschaftlichem Schaden.
Und im Zweifelsfall wird der Staat seinen Schaden durch Steuerhinterziehung immer als größer und schwerwiegender einstufen als die Nachteile des Bürgers.

Schwarzgeld-Recycling: Die meisten guten Ausgabe-Tips sind schlecht

Wenn Sie schon – unerlaubterweise – Schwarzgeld besitzen, so möchten Sie dieses in irgendeiner Weise auch verwenden, logisch. Falls Sie nun aber Ihr geheimes Geld nicht durch eine Selbstanzeige legalisieren möchten, so müssen Sie ständig in der Angst leben, beim Finanzamt durch Unvorsichtigkeit aufzufallen und damit viel Geld zu verlieren. Sie können Schwarzgeld keinesfalls so unbefangen ausgeben oder investieren wie versteuertes Geld.

Die oft gestellte Frage: Wohin damit – und wie kann Schwarzgeld unentdeckt ausgegeben werden?

Die Risiken bei Auslandsanlagen wurden im vergangenen Kapitel bereits erörtert. Falls Sie dennoch im Ausland ein Konto haben und das Geld in dem betreffenden Land für Konsumgüter ausgeben (Urlaub, Kleidung), ist die Entdeckungsgefahr gering. Zumindest dann, wenn Geldtransfers von einem Auslands- auf ein Inlandskonto vermieden werden.

Die am häufigsten gestellte Frage:
Wie bleibt Schwarzgeld in Deutschland geheim?

Lassen Sie uns die Antwort geben, indem wir Ihnen sagen, wann Ihr Schwarzgeld auffallen kann. Dies ist leicht möglich, wenn

- es auf ein Konto oder Sparbuch eingezahlt wurde.
- es sich in einem Safe oder Schließfach befindet und weitervererbt wird, da Banken dann den Finanzbehörden automatisch Mitteilung machen müssen, wenn ein Verstorbener ein Schließfach besaß.
- Sie es auf Kinder übertragen, da auch diese irgendwann

steuerpflichtig werden und gegenüber den Finanzbehörden ihr Vermögen deklarieren müssen – auch die Kapitalherkunft wird dann hinterfragt.

- Querverbindungen bestehen zwischen einem Inlandskonto und einem geheimen Auslandskonto.
- damit Aufwendungen getätigt wurden, die steuerlich abzugsfähige Betriebsausgaben oder Werbungskosten darstellen (Löhne, Gehälter, Darlehenszinsen, Reparaturen, sonst. Verbindlichkeiten, Miete für betriebliche Räume etc.) und bei denen das Finanzamt die Mittelherkunft erklärt haben möchte.
- generell betriebliche oder berufliche Investitionen getätigt wurden (Anlagevermögen, Umlaufvermögen).
- damit sonstige steuerlich relevante Anschaffungen getätigt wurden, deren Erträge zu versteuern sind und/oder bei denen Ausgaben abzugsfähige Kosten darstellen bzw. mit denen steuerliche Zulagen beantragt werden können. Beispiele: Wertpapierkauf, Immobilienerwerb zur Vermietung, Immobilienerwerb zur Selbstnutzung mit Beantragung der Eigenheimzulage.
- Jachten oder Ferienhäuser im In- oder Ausland angeschafft werden, auf die spezielle Steuerfahnder angesetzt werden, um die Namen der Eigentümer zu recherchieren.
- im Inland für aus Schwarzgeld erworbenes Vermögen (vorzugsweise wertvoller Schmuck, Gemälde, Jachten, Ferienhäuser) Zeitungsinserate zum Verkauf oder zur Vermietung aufgegeben werden. Einige Steuerfahnder sind spezialisiert auf die Aufdeckung solcher bereits in Sachwerte umgewandelten Schwarzvermögen.
- Sie es in Zeitungsanzeigen als Kredit anbieten, auch unter Chiffre-Nummern. Jeder, der sich darauf meldet, kann ein potentieller Steuerfahnder sein.
- es in größeren Beträgen verschenkt oder vererbt wird.

Wenn Sie Schwarzgeld geerbt haben, fällt dies wegen der Auskunftspflichten der Kreditinstitute über das Vermögen und die Schließfächer Verstorbener garantiert auf.

Es gibt einige selbsternannte Experten, die tolle Tips geben, wie Sie Ihr Schwarzgeld unentdeckt behalten und vermehren können. Vor vielen dieser Tips müssen wir dringend warnen. Tolle Tricks, die man selbst als genial empfindet, können erfahrenen Steuerfahndern nur ein müdes Lächeln entlocken. Weil vor Ihnen schon ein anderer daraufgekommen und aufgeflogen ist – und über das interne Informationssystem der Steuerfahndung die Warnung vor dem vielleicht damals noch neuen Trick sofort bundesweit übermittelt wurde.

Euro und Schwarzgeld – was passiert ab dem Jahr 2002?

Ab dem 1. Januar des Jahres 2002 soll der Euro in den Mitgliedstaaten der Währungsunion das alleinige Zahlungsmittel sein. DM-Bargeld soll nach den bisherigen Planungen noch bis zum 28. Februar 2002 bei allen Geldinstituten in Euro umgetauscht werden können.

💣 Ab 1. März 2002 können DM-Beträge nur noch über die Europäische Zentralbank oder über die Landeszentralbanken umgetauscht werden. Somit wären Schwarzgeldbeträge problemlos aufzudecken.

Diese Aufdeckung von schwarzem Geld wird insbesondere dann erfolgen, wenn es sich um Geldtransaktionen ab DM 30 000,– handelt. Hier haben die Banken nach den Vorschriften des Geldwäschegesetzes die Identifizierungspflichten in bezug auf die Person und die Geldherkunft zu erfüllen. Auch im europäischen Ausland wird der Kapitalanleger mit vollem Namen und seiner Personalausweis-Nummer im »Geldwäsche-Ordner« des jeweiligen Geldinstituts Bank registriert.

☺ Aufgrund dieser Legitimationspflicht ist ein anonymer Umtausch von Schwarzgeld oder Tafelpapieren in Euro nur möglich, wenn die Beträge unter DM 30 000,– liegen.

Geplant ist allerdings, daß nur deklariertes Vermögen in Euro umgetauscht werden soll und daß Schwarzgeldbesitzer dann straffrei ausgehen sollen, wenn sie ihr Vermögen deklarieren und somit nachversteuern. Das wäre ein Lottogewinn für den Fiskus, denn das Schwarzgeldvermögen in Deutschland wird auf rund 500 Milliarden DM geschätzt…

Vorsicht, verschärfte Grenzkontrollen!

So locker die Zollkontrollen für Urlauber bei Reisen innerhalb der Europäischen Union geworden sind – die Einhaltung der Devisenbestimmungen wird genau überprüft. Die Grenzen zu Drittstaaten (hier besonders zur Schweiz) werden streng kontrolliert, an der Schweizer Grenze sind von Mitte bis Ende 1998 mehr als drei Millionen DM entdeckt worden.

> ☺ Die wenigsten Probleme haben Schwarzgeldbesitzer im nichteuropäischen Ausland, da es hier bei der alten Währung bleiben kann und kein Tausch in Euro erforderlich wird!

- Soll dennoch im Inland befindliches Geld in Euro getauscht werden, darf dies immer nur mit Beträgen bis DM 30 000,– pro Person geschehen. Aber Achtung, wenn deshalb mehrere kleinere Tauschaktionen gestartet werden: Zwischen den einzelnen Transaktionen dürfen keine Zusammenhänge erkennbar sein.
- Die Umtauschaktionen sollten über verschiedene Kreditinstitute laufen.

Im Gespräch sind auch sogenannte Freigabebescheinigungen des Finanzamtes, die einer ausländischen Bank beim Umtausch von Bargeld- oder Wertpapierbeständen vorgelegt werden muß. Schwarzgeld im Ausland versuchen einige, vermeintlich Clevere, durch ausländisches Immobilienvermögen weißzuwaschen. Das klappt vielleicht manchmal. Aber dazu müßte der Kaufpreis weitaus niedriger beurkundet und die Differenz in bar übergeben werden, denn Immobilienvermögen im europäischen Ausland bleibt dem deutschen Fiskus selten verborgen. Ist der Wert laut Kaufvertrag aber vergleichsweise hoch, fragt der Fiskus nach der Geldherkunft.

> ☺ Wegen der Fahndung deutscher Finanzämter nach Auslandsimmobilien erfreut sich ein anderer Trick zunehmender Beliebtheit: Es erfolgen Unternehmenskäufe oder -beteiligungen, in denen der Kaufpreis ganz oder zu großen Teilen »unter dem Tisch« fließt.

Fallen im Zusammenhang mit der Euro-Einführung

In den Kreisen derer, die über Schwarzgeld verfügen, kursieren eine Vielzahl von Tips, wie man dem magischen Datum des 1. Januar 2002 und dem Umtausch von schwarzer Währung in Euro entgehen könne. Doch viele dieser Tips sind von den Finanzbehörden leicht zu durchschauen. Beispiele:

Es wird geraten, Schwarzgeld wird für den normalen Konsum zu verbrauchen, damit es im Jahr 2002 nicht umgetauscht werden muß.

Diese Gestaltung ist insbesondere für Unternehmer, die regelmäßig mit einer Betriebsprüfung rechnen müssen, sehr gefährlich. Denn die konsumorientierte Schwarzgeldverwendung führt schließlich dazu, daß keine oder viel geringere Privatentnahmen vom Betriebskonto erfolgen. Der Prüfer wird sich schnell fragen, wovon der Unternehmer gelebt hat…

Es wird geraten, das Schwarzgeld für Urlaubsreisen auszugeben

Das klingt gut – aber dabei wird das Risiko der Kontrollmitteilungen unterschätzt. Deutsche Reisebüros werden nämlich gern geprüft. Wenn aber dort ein Kunde viele Reisen gebucht und bar bezahlt hat, erfolgt eine Mitteilung an das Finanzamt des Reiselustigen. Und schon wird er nachweisen müssen, wie er seine Reisen finanziert hat.

Es wird geraten, das Schwarzgeld noch schnell zu investieren

Das mag zwar den Wirtschaftsminister freuen, weil das der Konjunktur hilft. Aber die Freude beim Schwarzgeld-Besit-

zer wird nicht lange währen. Denn mit Schwarzgeld darf keine steuerwirksame Investition getätigt werden, auch kein Immobilienkauf zur Selbstnutzung. Die Notare informieren automatisch die Grunderwerbsteuerstelle des Finanzamtes und der Fiskus fragt sofort nach der Geldquelle. Es soll schon vorgekommen sein, daß Immobilien weit unter Wert beurkundet wurden – hier müssen die Betroffenen jedoch mit argwöhnischen Fragen des Finanzamtes rechnen, da hier sofort »Weißwäsche« von Schwarzgeld vermutet wird.
Auch der Kauf von eigentlich privaten Kraftfahrzeugen mit Schwarzgeld fliegt häufiger auf als man gemeinhin denkt. Grund: Oft wird bei der Steuererklärung die Haftpflicht-Versicherung für das Fahrzeug mit angegeben. Damit aber ist für den Sachbearbeiter die Anschaffung einer möglicherweise noblen Karosse nachvollziehbar – und er wird nach der Geldherkunft fragen.

Es wird geraten, aus dem Schwarzgeld Schenkungen vorzunehmen

Das funktioniert nur dann sicher, wenn die Empfänger von der Schwarzgeld-Problematik Kenntnis haben. Wenn Beschenkte (dasselbe gilt für Erben) nicht vorsichtig mit dem heimlichen Schatz umgehen (oder sich mit anderen darum streiten), müssen alle Beteiligten mit Nachversteuerung für diverse Steuerarten, Hinterziehungszinsen und Schenkung- bzw. Erbschaftsteuer für die zurückliegenden zehn Jahre rechnen!

Weitere Risiken bei schwarzen Auslandskonten

Werden schwarze Auslandsguthaben nicht rechtzeitig in Euro umgetauscht, sind die eben bereits erwähnten Nachzahlungen so sicher wie das Amen in der Kirche. Denn ohne Legitimation oder Freigabebescheinigung ist schließlich kein Umtausch mehr möglich.
Wer aber vor dem 1. Januar 2002 schon Schwarzgeld auf ein deutsches Konto zahlt, damit es dann in Euro umgetauscht werden kann, muß dies bei der Angabe von Zinserträgen

berücksichtigen, höhere Zinsen versteuern. Damit jedoch ist der Steuerpflichtige noch immer nicht gerettet. Denn das Finanzamt möchte den sprunghaften Zinsanstieg erklärt haben, um für die vergangenen Jahre Steuern auf die hinterzogenen Einnahmen (eventuell auch Vermögensteuer für längst zurückliegende Jahre) zu erheben. Hinzu kommt, daß dem Bundesamt für Finanzen künftig immer die tatsächlich freigestellten Zinsen gemeldet werden und nicht nur das Freistellungsvolumen.

☺ Besonders vorsichtige Zeitgenossen, die heimliches Vermögen in einem Nicht-Euroland besitzen, lassen und genießen bzw. verleben es dort. Dabei achten sie darauf, daß Bargeld immer nur in kleinen Häppchen abgehoben, umgetauscht und langsam verlebt werden darf.

Häusliche Tresore, Safes – ein toller Trick?

Diese simple Art der Schwarzgeldaufbewahrung ist für viele die beliebteste. Das Geld bringt zwar keine Zinsen, im Gegenteil, es reduziert sich schnell durch die Inflation. Das geheime Geld ist jedoch schnell verfügbar, ohne daß Dritte eingeweiht werden müssen oder abenteuerliche Transaktionen nötig werden.
Aber auch hier ist Vorsicht geboten: Falls gegen Sie wegen anderer Beweismittel ein Ermittlungsverfahren eingeleitet wird und die Steuerfahndung Ihr Haus durchsuchen muß, wird Ihr geheimes Versteck schnell entdeckt und beschlagnahmt!

Spielbanken – ein toller Trick?

Spielbanken sind ein beliebter Ort, Schwarzgeld weißzuwaschen. Dabei werden die Schwarzgeldscheine in Jetons umgetauscht und später am gleichen Tag an der Kasse gegen einen Scheck umgetauscht, der auf das eigene Bankkonto eingezahlt wird. Damit sollen einige Leute schon gute Erfahrungen gemacht haben. Man darf eben nur nicht zwischendurch mit den Jetons spielen – und verlieren …

Tafelgeschäfte – ein toller Trick?

Diese erfreuten sich in früheren Jahren großer Beliebtheit. Und auch heute noch ist es möglich, bei deutschen Banken ohne Vorlage eines Ausweises mit Schwarzgeld festverzinsliche Wertpapiere als ›Tafelgeschäfte‹ zu erwerben und im Safe oder zu Hause aufzubewahren. Wenn die Zinsen fällig werden, können diese anonym durch Vorlage der entsprechenden Zinskupons ausgezahlt werden. Aber gegenüber früher hat der Gesetzgeber seit 1993 insofern einen Riegel vorgeschoben, als seitdem auf die Zinsen 35 % Zinsabschlagsteuer einbehalten wird. Diese Zinsen können auch nicht durch Freistellungsauftrag von der Zinsabschlagsteuer und dem derzeitigen Solidaritätszuschlag befreit werden.
Zudem sind Tafelgeschäfte in Deutschland aufgrund des seit 25. 10. 1993 bestehenden Geldwäschegesetzes ab einer gewissen Summe (im Normalfall 20 000 Mark pro Vorgang) sogar aufzeichnungs- und identifizierungspflichtig. Man muß also den Ausweis vorlegen – und dann kann man sich die ganze Mühe der Anonymisierung gleich sparen. Kurzum: Aufgrund dieser hohen Quellenbesteuerung und Transparenzzunahme haben viele davon Abstand genommen, Schwarzgeld in Tafelpapiere zu investieren.

Absolut sicher: Geldausgabe für rein private Zwecke

Völlig unbedenklich (aber natürlich verboten) ist nur die Verwendung von Schwarzgeld für den privaten Konsum. Das bedeutet, daß sowohl die üblichen Lebenshaltungskosten als auch Luxusgüter in gewissem Rahmen häufig von Schwarzgeldern in bar bezahlt werden. Aber auch da lauert eine Tücke.

Bei bestimmten Luxusgütern, z. B. Jachten oder Feriendomizilen, laufen Sie große Gefahr, von findigen Steuerfahndern entdeckt zu werden, die dann die Mittelherkunft für die vermögensteuerpflichtigen Güter erklärt haben wollen.
Lediglich die nicht so offensichtlichen Luxusgüter wie z. B.

- Schmuck,
- Teppiche,
- teure Möbel,
- Antiquitäten,
- Kunstgegenstände

werden oft mit Schwarzgeld erworben und bleiben dann ziemlich sicher unentdeckt. Diese Luxusgüter unterliegen zwar mittlerweile keiner Vermögensteuerpflicht mehr, aber sie können trotzdem beim Finanzamt offenkundig werden. Dies geschieht meistens durch

- Anzeigen z. B. oft von einer ›enttäuschten Liebe‹ oder neidischen Bekannten,
- Betriebsprüfungen bei Ihnen zu Hause,
- Erbschaften oder Schenkungen,

weil es da oft mißgünstige Verwandte gibt, die auch gern etwas gehabt hätten. Spätestens dann will der Finanzbeamte (Prüfer, Beamte der normalen Veranlagung oder sogar schon Steuerfahndung) wissen, wie Sie oder Ihr Rechtsvorgänger (bei Erbfällen) die Gegenstände bezahlt haben.

<u>Was kann das Finanzamt nicht kontrollieren?</u>

Den Beamten bleibt verborgen, wie oft und wie luxuriös Sie in Urlaub fahren, solange die Reise nicht durch Überweisung von Ihrem Konto gezahlt wird. Auch in bezug auf Kleidung, Essen und Trinken, Feiern etc. sind keine Nachprüfungen zu erwarten.

Sind Sie Unternehmer? Dann seien Sie vorsichtig

Schwarzeinnahmen bedeuten auch immer Liquiditätsverlust für Ihre Firma. Es fehlen offizielle Einnahmen, denen jedoch die normalen laufenden Kosten und Investitionen gegenüberstehen. Deshalb kontrolliert der Prüfer genau die Ausgewogenheit zwischen Ausgaben und Geldherkunft (siehe hierzu auch Kapitel 2). Es werden dann häufig Scheindarlehen von Banken und Angehörigen angegeben, um die Geldherkunft der betrieblichen Ausgaben zu rechtfertigen. Damit hat schon mancher Erfolg gehabt. Ebenso wird die Höhe Ihrer Privatentnahmen geprüft. Wenn diese nach den normalen Lebensgewohnheiten zu gering sind, vermutet der Prüfer sofort Schwarzgeld und schätzt Betriebseinnahmen hinzu.

Weil Selbständige regelmäßigen Betriebsprüfungen unterliegen, werden die Prüfer hier viel häufiger fündig als bei Arbeitnehmern, Vermietern oder Rentnern. Die haben aber auch insgesamt wesentlich geringere Möglichkeiten der Schwarzgeldbildung.

Für alle gilt jedoch die Pauschalregel, daß geheimes Geld am schnellsten immer dann vom wachsamen Fiskalauge erspäht werden kann, wenn es auf Konten oder Sparbüchern erscheint oder überwiesen wurde auf andere Inlands- oder Auslandskonten. Deshalb – und nun lachen Sie bitte nicht – bewahren viele das Geld noch ›unter der Matratze‹ auf.

Bei Steuerpflichtigen, die Luxus und Besitztümer nicht so sehr nach außen zeigen, sondern eher ›leben und leben lassen‹, haben die Finanzbeamten kaum Anhaltspunkte, um Schwarzgeld zu vermuten und auch zu beweisen. Sie müssen keinem Prüfer Rechenschaft darüber ablegen, warum Sie täglich 200 Gramm russischen Kaviar essen und zwei Flaschen Champagner trinken. Er weiß nämlich nichts davon – es sei denn, Sie laden den Prüfer dazu ein.

Auch wenn in Deutschland immer mehr Orwells Theorie ›Big Brother is watching you‹ greift: Es gibt Bereiche, die von unserem Finanzminister noch nicht total erfaßt sind!